Kaffeekrümel & Keksschaum

Katja Lippert

Kaffeekrümel & Keksschaum

Katja Lippert

Alle Rechte, insbesondere auf
digitale Vervielfältigung, vorbehalten.
Keine Übernahme des Buchblocks in digitale
Verzeichnisse, keine analoge Kopie
ohne Zustimmung des Verlages.
Das Buchcover darf zur Darstellung des Buches
unter Hinweis auf den Verlag jederzeit frei
verwendet werden.
Eine anderweitige Vervielfältigung des
Coverbildes ist nur mit Zustimmung
des Verlages möglich.

Die Illustrationen im Buchblock sind urheberrechtlich
geschützt und dürfen nur mit Zustimmung
der Künstlerinnen & Künstler verwendet werden.

www.net-verlag.de
Erste Auflage 2024
© Coverbild:
Katja Lippert sowie Claraluise Thorenz
Oberschule Bergstadt Schneeberg
Geboren: November 2010
& Pixabay
Covergestaltung: net-Verlag
© Illustrationen: siehe Namen unter den jeweilgen Bildern
© net-Verlag, 09117 Chemnitz
printed in the EU
ISBN 978-3-95720-388-5

Vorwort

Nun ist es so weit. Nach fast zwei Jahren intensiver Arbeit ist das Projekt »Kaffeekrümel und Keksschaum« beendet, und das Buch kann in den Händen gehalten werden. Für mich ein sehr schönes Gefühl, welches mit Dankbarkeit verbunden ist. Ein solches Schülermitmachprojekt ist nur mit Hilfe von begeisterten Unterstützern und viel Geduld zu verwirklichen. Deshalb gilt mein Dank besonders:

- Dem net-Verlag – der sich dem Projekt angenommen und an die Geschichte und Umsetzung geglaubt hat. **www.net-verlag.de**
- Der Firma Bergglas Münzner aus Schwarzenberg – die bei den Projektpreisen unterstützend mitgewirkt hat. **www.bergglas.de**
- Dem SAV Grünhain-Schwarzenberg e.V. – wo die Trainer den Kindern eine persönliche Projektbegegnung ermöglicht haben. **www.sav-schwarzenberg.de**
- Dem Förderverein Frohe Kinder Elterlein e.V. – die das Projekt als Jahresabschlussveranstaltung 2023 aufgegriffen haben. **www.frohe-kinder.de**
- Den verschiedenen Büchereien, Buchläden und anderen Einrichtungen im Erzgebirgskreis – die bei der Projektwerbung unterstützt haben.

- Der Ergotherapie Viola Viertel – die das Projekt im Rahmen von Therapiearbeit begleitet hat.
  www.ergotherapie-viertel.de
- Meiner langjährigen Freundin Listia Dewi Tj in Indonesien (Surabaya) – die den Kindern vor Ort eine Teilnahme ermöglicht hat, indem sie Textpassagen zum Zeichnen für die Kinder übersetzt und Kontakte vermittelt hat.
- <u>*ALLEN teilnehmenden Schülerinnen und Schülern*</u>, die mit viel Zeitaufwand und Fantasie die Gestaltung der Geschichte in die Hand genommen haben.
- Meinen eigenen Kindern, die sich auf dieses Projekt eingelassen haben und mich ebenso mit Kunstwerken wie mit Freizeit unterstützt haben.

Wer nun aber denkt, mit diesem Buch eine typische Weihnachtsgeschichte erworben zu haben, der irrt. In der Geschichte geht es um eine junge Frau, die, nun sagen wir mal … in eine recht sonderbare Welt gerät. Es ergibt sich im Laufe der Geschichte wiederholt die Gelegenheit, in die eigene, reale Welt im Erzgebirge zurückzukehren. In die momentan andauernde Weihnachtszeit mit ihren Sorgen, Nöten und besonderen Reizen. Nimm dein Glück in die Hand und tauche ein in eine Welt voller Überraschungen. Dabei ist es völlig egal, ob du im Erzgebirge lebst oder nicht. Sei neugierig und fantasiegeladen – dann kannst du in deiner Welt wahre Wunder vollbringen …

Katja Lippert

Katja Lippert

Inhaltsverzeichnis

Einleitung	Julies Welt	9
1. Dezember	Ankunft in einer anderen Welt	11
2. Dezember	Der schwarze Nebel	17
3. Dezember	In der Bergelburg	21
4. Dezember	Die Albtraumschlucht	25
5. Dezember	Maya	32
6. Dezember	Der Weg in die Grotte	37
7. Dezember	Barbara und das Amulett	42
8. Dezember	Wieder heraus aus der Grotte	48
9. Dezember	Ein Abschied mit HerzensträNen	53
10. Dezember	Symbolrätsel	57
11. Dezember	Die Grenzen	61
12. Dezember	Der Punsch	66
13. Dezember	Kindliche Weisheit	71
14. Dezember	Die Festung	75
15. Dezember	Wenn Traditionen Brücken bauen	79
16. Dezember	Der Weg in die Festung	86
17. Dezember	Das Labyrinth	90
18. Dezember	Kurz vor der Quelle	97
19. Dezember	Armband und Amulett finden ihr Ziel	101
20. Dezember	Remember me	106
21. Dezember	Kleine Hindernisse	110
22. Dezember	Zurück im Reich der Bergel	114
23. Dezember	Winnie und Maya sind daheim	120
24. Dezember	Julies Heimreise	124

Einleitung

Julies Welt

Ein seltsamer Tag, dachte Julie und blickte aus dem Fenster.

Es war Mitte November. Die Sonne lachte vom strahlend blauen Himmel, das Thermometer zeigte zweistellige Werte, und die ersten Löwenzahnblüten schmückten die immer noch grüne Wiese schon wie im Frühling.

Julie lebte in einer kleinen Gemeinde im Erzgebirge. In dieser Jahreszeit war es hier oft grau und kalt. Nebelschwaden hingen sonst in den Fichten, und die Blätter der Laubbäume lagen taubedeckt am Boden. Doch während die Natur wiederholt ihren zweiten Frühling feierte, war es in der Gemeinde langsam eisiger November geworden. Viele junge Leute zog es auf nimmer Wiedersehen zum Studium in die Großstadt. Einige ältere Meister hatten ihre Betriebe in den Coronajahren schließen müssen. Kleinere Handwerksbetriebe wurden von Geldsorgen durch die Energiekrise geplagt, wobei einige an den Spätfolgen zerbrachen. Kurz: Es war eine schwierige Zeit mit vielen Höhen und Tiefen.

Julie hatte in diesem Jahr ihre Schulausbildung beendet. Den Ausbildungsstart hatte sie verschoben und sich stattdessen um ihre kranke Großmutter gekümmert, die nach mehreren Schlaganfällen im Bett lag.

Von Zeit zu Zeit zog es Julie an einen kleinen Teich in der Nähe ihres Wohnortes. Dort war es besonders im November sehr still. Julie schnappte sich ihre dünne Jacke und verließ das Haus, um am Ufer des Teiches nachzudenken.

Da angekommen, sah sie einige Wildgänse, die auf ihrem Weg in den Süden im seichten Ufergewässer rasteten. Auch sie waren mit ihrer Reise viel zu spät. Die Hände in den Hosentaschen, schlenderte sie an der Wasserkante entlang. An einer windschiefen Weide blieb Julie stehen. Komisch, dachte sie und rieb sich die Augen. Im wärmenden Licht der Nachmittagssonne funkelte ein Armband im Geäst des Baumes.

Julie nahm das Armband von den Zweigen und hielt es in die Sonne. Rote, gelbe, grüne und blaue Steine, von jedem zwei, funkelten wie Regenbögen in der Luft und endeten im Wasser. Am Verschluss befand sich eine Inschrift: *REMEMBER ME* – gestanzt in das leicht rot-golden schimmernde Metall.

Als ob das nicht alles schon seltsam genug wäre, hüpften auf dem Wasser plötzlich kleine Wasserflöhe – gerade wie im Sommer – herum. Sie bildeten den Schriftzug auf der Wasseroberfläche nach und umrahmten damit das Ende der Regenbogenstrahlen.

1. Dezember

Ankunft in einer anderen Welt

Wie in einen fantasievollen Traum gezogen, hockte sich Julie ans Ufer und beobachtete das Treiben. Nach einer Weile erwachte die Neugier in ihr. Sie zog ihre Schuhe und die Blümchensocken aus, schob die Hosenbeine etwas nach oben und stieg ins Wasser.

Trotz der warmen Tage fühlte sich das klare Nass schon ziemlich frisch an. Eine leichte Gänsehaut überzog ihren Körper. Sie war nicht ganz sicher, ob das am kalten Wasser lag oder an der Anspannung, die in ihr aufstieg.

Nach wenigen Schritten hatte sie die Stelle erreicht, an der die Wasserflöhe um das Regenbogenende tanzten. Es fühlte sich komisch an.

Mit einem Mal war Julie ein Teil des Schriftzuges *REMEMBER ME*, und die sonst so klare Welt am Teich verschwamm vor ihren Augen. Einer der roten Steine am Armband begann zu leuchten und bildete ein schimmerndes Farbenband, welches Julie schließlich umschloss. Sie tauchte ein in eine Welt voller Liebe – die Umgebung wärmend, in einem leicht rötlichen Schimmer. Julie fühlte sich umarmt von lieblichen Rosendüften und geschmeichelt vom lauen

Sommerwind. Als sie ihre Augen öffnete, war sie frei und leicht, aber in einer anderen Welt. Das Armband trug sie am rechten Handgelenk, und in dem ersten roten Stein stand plötzlich ihr Name. *JULIE* – wie eingemeißelt, nicht wegwischbar.

Sie schaute sich um. Viele kleine Wesen huschten an ihr vorbei. Keine Mäuse oder Biber, nichts, was Julie kannte. Die Größe passte freilich zu einer Maus, nicht aber der Schwanz. Der ähnelte eher dem eines Bibers. Die Ohren waren zwar am rechten Fleck, aber in ihrer Form sehr kreativ. Ähnlich kleinen Drachen, wie sie Kinder im Herbstwind fliegen lassen. Die Fellfarbe leicht rötlich, passte der purpurne Schwanz sehr gut zum Erscheinungsbild.

Julie rieb sich die Augen. Es war befremdend, aber nicht beängstigend. Als sie von einem dieser kleinen Wesen übersehen und angerempelt wurde, musste sie kichern. Es sah zuckersüß aus, wie es sich schüttelte, um wieder auf die Beine zu kommen.

Dann wurde Julie angesprochen. »Du bist recht groß! Was machst du hier? Du bist doch von der Oberfläche.«

Julie musste genau hinhören. Das kleine Wesen sprach sehr schnell. »I…ich weiß n…nicht«, stammelte sie. »Irgendwie b…bin ich hierhergerutscht. Wo bin ich hier?«

»Du bist im Reich der Bergel, auf der anderen Seite der Wasseroberfläche. Sei willkommen.«

Julie blickte nach oben. »Auf der anderen Seite?«, flüsterte sie. Bei näherem Betrachten sah der Himmel wirklich leicht wellig aus.

*Florentine Schubert aus Marienberg, Gymnasium Marienberg, *Juni 2012*

Gerade wie die Teichoberfläche. Erstaunlicherweise fehlte es in dieser anderen Welt nicht an Luft zum Atmen. Auch sonst fühlte es sich ganz normal an. Wären nicht diese kleinen Wesen, diese Bergel, weiter flink und emsig an ihr vorbeigehuscht.

»Was macht ihr hier unten?«, wollte Julie nun wissen.

»Wir suchen nach verborgenen Schätzen. Mit denen können wir Werkzeuge und andere Gegenstände herstellen, die wir zum Leben brauchen. Mein Name ist übrigens Winnie, und wer bist du?«

»Julie.«

Mit einer großzügigen Bewegung seiner Pfote zeigte Winnie über die Landschaft. »Komm mit und lass dir unsere schöne Welt zeigen! Wenn du möchtest, sei auch unser Gast zum Mittagessen, es wird in wenigen Momenten serviert.«

Julie nickte kaum sichtbar und folgte dem Bergel mit langsamen Schritten.

Während sie in Kaffeebohnenmanier vorankam, musste Winnie zehn Schritte machen, um nicht von ihren Füßen getroffen zu werden. Es muss ein recht amüsantes Bild gewesen sein.

Julie schaute aufmerksam nach rechts und links. Überall wurde fleißig gegraben, geschürft und weggefahren. Keiner arbeitete alleine. Keiner machte ein trauriges Gesicht. Nein. Die meisten der kleinen Bergelgrüppchen machten einen heiteren Eindruck. Sie sangen ein Liedchen oder pfiffen eine fröhliche Melodie. Fiel einer über eine Wurzel, half ein anderer beim Aufstehen.

*Mona G., Heinrich-Böll-Schule in Fürth, *August 2004*

War ein Wagen zu schwer, kamen gleich drei Bergel und packten mit zu.

Niedlich waren auch die Bergelkinder. Sie hüpften zwischen den Beinen der Großen herum, spielten »Fangen« oder »Blinde Kuh« und schauten, was die Eltern taten.

Julie spürte eine wohlige Wärme in ihrem Herzen. Hier war die Welt noch in Ordnung. Gerade so wie bei den Großmüttern vergangener Zeiten, als in den Stuben gemeinsam geklöppelt und gesungen wurde, dachte sie.

2. Dezember

Der schwarze Nebel

Doch mit einem Mal wurde der Himmel schwarz. Stinkende Nebelwolken zogen um die Bäume und Sträucher. Die Bergel schauten erschrocken in die Gesichter ihrer Nachbarn. Es herrschte eine große Stille.

»Winnie, was ist das?« Julie sah kaum noch den Boden.

Winnie war stehen geblieben. »Ich weiß es nicht. Wir haben nie eine solche Hässlichkeit erlebt.« Der kleine Bergel zupfte an ihrem Hosenbein. »Julie, heb mich hoch. Du bist so groß, vielleicht kann ich in deiner Höhe etwas erkennen.«

Sie hockte sich langsam hin, streckte die Hand aus, und schwupp, war Winnie auf ihren Handteller gesprungen.

Vorsichtig hielt sie ihn fest, stand auf und hob ihren Arm noch ein bisschen nach oben. Es reichte, um über die schwarze Wand zu blicken.

»Winnie, was siehst du?«, wollte Julie wissen.

»Ein schwarzes Funkeln und Glitzern am Horizont. Es könnte an der Grenze zum Nachbarreich liegen. Dahinter ist es wieder hell.«

Elias Siegfried Lippert aus Schwarzenberg, Bertolt-Brecht-Gymnasium Schwarzenberg, *Juni 2013

Julie zog den Arm nach unten. Winnie schaute nachdenklich. Sie kannte ihn erst seit wenigen Augenblicken, aber ein so sorgenvolles Gesicht hätte sie ihm nicht zugetraut.

»Julie! Sieh nur! An deinem Arm!« Winnie hüpfte aufgeregt hin und her. Der blaue Stein des seltsamen Armbandes strahlte in einer klaren und leuchtenden Besonnenheit, die alle Aufregung für einen Moment vergessen ließ.

Die Bergelgrüppchen hatten sich in der Zwischenzeit versammelt. Es wurde leise getuschelt, während die dunklen Nebelwolken immer weitere Teile des Landes überzogen.

»Bergel!« Winnie plusterte sich zu seiner vollen Größe auf und richtete das Wort an die anderen: »Es gibt eine alte Sage von Elend und Neid in den Büchern unserer Ahnen. Lasst uns nachsehen, ob dieser Schleier etwas damit zu tun hat! Vielleicht ist unser Gast der Schlüssel, und wir können schnell eine Lösung finden.«

Großer Jubel brach um Julies Füße aus. Erstaunlicherweise schien keiner der kleinen Wesen an Aufgeben zu denken.

Luna Enzmann, Clemens-Thieme-Grundschule Borna

3. Dezember

In der Bergelburg

Langsam setzten sich alle in Bewegung. Für Julie war es nun noch schwieriger, niemanden von den Bergel mit ihren großen Füßen zu treffen. In einem geordneten Chaos sprangen und hüpften alle um ihre Beine herum. Keiner wurde getreten oder gar verletzt. Nach wenigen Minuten Fußweg kam der ungleiche Zug an einer einfachen Burg im Felsgestein an. Winnie sprang zielsicher von Julies Hand und schlüpfte direkt in den ovalen Eingangsbereich der Burg. Es war eine große Burganlage. Scheinbar wohnten alle Bergel gemeinsam in dieser Steinburg. Wie ihre Bewohner war auch die Anlage sehr seltsam. Die Fenster waren teils dreieckig, teils fünfeckig. Die einzelnen Stockwerke ähnelten Terrassen, und die Türmchen, die sich nicht nur an den Ecken befanden, wirkten windschief, und zwar jedes in eine andere Richtung.

Nach Schätzen suchte man an dieser Stelle vergebens. Alles war aus einfachen Steinen erbaut und nichts kostbar verziert worden.

Es dauerte eine Weile, bis Winnie aus dem Inneren der Burg zurückkehrte. Julie setzte sich in der Zwischenzeit auf den Boden, um die Burg in Augenhöhe zu beobachten.

Julian, Brückenberg-Schule in Schwarzenberg, *November 2008

Dann kam Winnie mit einer verstaubten, alten Rolle auf dem Rücken zum großen Burgplatz, der sich seitlich der Anlage befand. An die Bergel gewandt, begann er: »Die alte Sage wird der Schlüssel sein. Der Neid – er war gefangen für viele Jahrhunderte. Nun konnte er sich befreien, weil in der Welt oberhalb genügend Bewohner an ihn glauben. Nur wenn die Oberwelt mit unserer zusammenarbeitet, lässt sich das Gleichgewicht wiederherstellen.«

Ein großes Raunen ging durch die Menge.

Julie blickte nachdenklich an ihrem rechten Handgelenk herunter. »Winnie. Lass uns gemeinsam an die Grenze eures Reiches wandern! Vielleicht hat das schwarze Leuchten dort etwas mit den Steinen an meinem Armband zu tun.«

Winnie nickte erleichtert.

Kurze Zeit verging, bis ein kleiner Wagen mit allerlei nützlichen Dingen beladen war. Auch das Gefährt wirkte schlicht, aber ungewöhnlich. Die Räder waren aus verschiedenen Erzen eckig geschmiedet. Die Felgen, mit Spinnweben umflochten, glänzten in der Sonne.

Schnell fand sich ein kleines, fröhliches Bergelgrüppchen, welches Winnie und Julie in die Dunkelheit begleitete. Die anderen Bergel zogen sich zur Sicherheit in die Burg zurück. Doch auch von ihnen hörte man kein Klagen, nur das ein oder andere Liedchen durch die Mauern.

*Anika, Brückenberg-Schule in Schwarzenberg, *Juli 2008*

4. Dezember

Die Albtraumschlucht

Unterdessen hatte sich die übelriechende Dunkelheit weiter ausgebreitet. Es war mühsam, über die Hügel und Felder voranzukommen.

Einer der Bergel trug eine Art Laterne auf dem Rücken. Sie spendete ein warmes, leicht flackerndes Licht. Aber gerade dieses Licht ließ Julie gruseln, denn es bildete im Gegenzug die unheimlichsten Schattenbilder in der Umgebung.

Winnie, der sonst sehr klein war, wuchs in seinem Schattenbild zu einem Riesen auf vier Pfoten heran.

Der Wagen sah auf dem Burghof ganz niedlich aus. Nun bildete er einen Monstertruck, und die Bäume in der Umgebung winkten dem Gespann mit ihren dürren, krummen Ästchen wie hässliche Poltergeister zu.

»Winnie, was meinst du: Wie weit müssen wir gehen?«, wollte Julie wissen.

»Die Grenze zum Nachbarreich ist etwa 4320 Minuten entfernt.«

Julie verdrehte die Augen. »Warum sagst du so eine komische Zeit?« Sie hasste Mathematik, und Umrechnen erst recht.

»Wieso komisch? Minuten sind bei uns die höchste Zeitangabe. Anders kann ich es dir nicht sagen«, erwiderte Winnie, drehte sich selbstverständlich wieder dem Weg zu und stapfte pfeifend weiter.

Ein paar Wimpernschläge später stoppten sie. Eine riesige Schlucht tat sich vor ihnen auf. An deren Boden rauschte ein großer Fluss. Sehen konnte keiner, wie tief es war oder welche Ausmaße der Fluss wirklich hatte. Die Dunkelheit verschlang alle Umrisse. Nur am Klang des Stromes konnten sie erahnen, dass der Weg hier nicht weiterführte.

»Es ist seltsam. Sehr seltsam. Es hat hier nie eine so tiefe Schlucht gegeben.« Winnie wirkte ratlos. Ein geteiltes Land hatte er nie gesehen.

In seine Gedanken vertieft, blickte er sich um. Seine Augen blieben an Julie hängen, die noch immer das Armband am Handgelenk trug. »Julie. Der gelbe Stein an deinem Band, er beginnt leicht zu flackern. Nutze seine Kraft! Vielleicht spendet er uns für ein paar Minuten Sonnenlicht.«

»Das kann ich nicht«, protestierte Julie sofort, nahm aber im selben Atemzug das Armband in die Höhe, hielt es mit der linken Hand fest und betrachtete es sorgsam. Das blaue Licht, welches vorher Besonnenheit in die Gruppe gebracht hatte, war inzwischen wieder erloschen. Auch der rote Stein sah aus wie zuvor.

JULIE – es stand jetzt im gelben Stein. Ihr Name wanderte also in den Farben. Eine Art Reise. Wie die durchs Bergelreich.

Lavina Koch

Julie schloss die Augen.

Im selben Augenblick wurde es hell um sie herum. Sie hörte die Bergel, sie roch die üble Dunkelheit, und sie sah die tiefe Schlucht. Im Tageslicht. Ein reißender Strom füllte das Tal mit einer grauschwarzen Brühe aus dunklen, hasserfüllten Träumen.

Julie erschrak. Sie öffnete die Augen. Sofort stand sie wieder neben den Bergel in der Dunkelheit, vor der Schlucht.

Winnie spürte die Aufregung, in die Julie verfiel. »Beschreib uns, was du siehst!«, forderte er.

Ungläubig schüttelte Julie den Kopf. Wie konnte Winnie ahnen, dass sie die Umgebung im Tageslicht gesehen hatte?

Sie sammelte kurz ihre wirren Gedanken. Dabei kam ihr Winnies Aussage in den Sinn: »Nur wenn die Oberwelt mit unserer zusammenarbeitet, lässt sich das Gleichgewicht wiederherstellen.«

Julie beschrieb nun detailgetreu die Umgebung. Erneut schloss sie ihre Augen. Diesmal wurde sie von den Bergel gehalten. Sicher stand sie an der Kante der Schlucht und blickte sich in alle Richtungen um. Es war ein sehr breit ausladender Riss im Boden. Die Wände fielen steil in die Tiefe ab. Kein Baum hätte als Brücke dienen können.

»Mit viel Mühe wäre ein Abstieg vielleicht zu schaffen ...«, flüsterte Julie, »... aber diesen reißenden Albtraumstrom können wir nicht überqueren.«

Mit geschlossenen Augen suchte sie weiter die Ränder ab. Dabei wurde das gelbe Licht ihres Armbandsteines immer heller. »Winnie! Das Licht wird immer stärker. Ich habe eine Idee. Sie ist nicht ganz ungefährlich, aber es könnte klappen.« Julie öffnete die Augen und stand erneut in der Dunkelheit neben den Bergel. »Wenn ich die Augen schließe, wird das Licht an meinem Armband immer heller. Ihr müsst mich führen, und zwar alle gemeinsam. Keiner darf den anderen loslassen.

Ich versuche, ein gelbes Lichtband zu bilden. Darauf können wir über die Schlucht gehen.« Julie sprach unsicher, denn sie hatte Angst, die anderen nicht halten zu können.

Die Bergel berieten sich kurz. Dann nickten sie. »Julie, wir haben keine andere Wahl. Vertrauen wir uns gegenseitig. Wir sollten es versuchen.«

Schnell bildeten alle eine lange Reihe. Julie stellte sich an die Kante der Schlucht, Winnie dicht hinter ihr. Danach folgten weitere Bergel, dann der Wagen und am Ende der Bergel mit der Laterne auf dem Rücken.

Sie nickten. Niemand wagte, etwas zu sagen.

Julie schloss die Augen.

Sofort stand sie im Tageslicht an der Kante der Schlucht. Einige Steinchen bröckelten unter ihren Füßen und stürzten in die Tiefe. Es dauerte lange, bis ein leiser Aufprall zu hören war. Sie zögerte.

»Julie!«, mahnte Winnie. »Wir haben keine Wahl.«

Das Armband begann erneut zu flackern.

*Linna Wähner aus Königswalde, Oberschule Jöhstadt, *Oktober 2012*

Julie suchte den Rand nach Gefahren ab. Etwas links, auf der anderen Seite, lag ein großer Felsbrocken. Dieser schien stabil genug, um das Lichtband zu halten. Julie ließ ihre Gedanken spielen. Langsam bildete sich eine Lichtbandbrücke, die sich schließlich an jenem Felsbrocken niederlegte und ihn mehrmals umschloss. Vorsichtig setzte Julie ihren Fuß auf die gelbe Brücke. »Es hält!«, jubelte sie beinahe etwas überschwänglich.

Der gesamte Zug setzte sich in Bewegung.

Als die Hälfte der Strecke geschafft war, blinzelte Julie kurz nach unten. Schwindelerregend hoch war es und die schwarze Wasserflut beängstigend. Da spürte sie einen leichten Druck an ihrer Hand.

Winnie hatte ihre Ängste gefühlt und hielt sie etwas fester. Dennoch hatte Julies Unsicherheit gereicht, um das Lichtband zu schwächen. Hinter ihnen zog es sich nunmehr langsam zurück, was auch die Bergel sehen konnten. Denn dort, wo eben noch die gelbe Lichtbandbrücke die Dunkelheit durchschnitt, war jetzt wieder ein schwarzes Nichts. Da stimmte Winnie ein fröhliches Bergmannsliedchen an. Die anderen Bergel sangen lautstark mit.

Julie musste kurz über die Sorglosigkeit und das Vertrauen der Bergel schmunzeln. Das gab ihr Kraft, und sie ging etwas zügiger über den Rest der Brücke.

Als der letzte Bergel sein Laternchen sicher über die Schlucht getragen hatte, löste sich schließlich das gelbe Lichtband auf, und Julie öffnete ihre Augen.

5. Dezember

Maya

Unterdessen setzte sich auch in der Oberwelt das Alltagsleben fort. In der kleinen Gemeinde regte sich hier und da Unmut über die Landesführung. Die Sorgen und Ängste der Menschen wuchsen in allerlei Hinsicht. Viele Familien schauten unsicher in die Zukunft und zählten nachdenklich die wenigen Reserven zusammen, die ihnen noch zur Verfügung blieben.

Das Weihnachtsfest stand kurz vor der Tür. Kinderaugen sollten wieder leuchten. Doch das Geld für Geschenke wurde erneut knapp. Traditionell war es die Zeit, in der in vielen Fenstern die Schwibbögen leuchteten. Eine friedvolle Zeit.

Nun zog sich ein stiller, dunkler Schleier über die Vorfreude, den keiner recht wegwischen konnte.

Nach der Überquerung der Schlucht ließ die Anspannung in Julies Kopf etwas nach. In ihren Gedanken schweifte sie kurz nach Hause ab. Wie es wohl der Großmutter ging? Sie wusste nicht genau, wie lange sie schon in der Welt der Bergel verweilte und ob man sie in der Heimat schon vermisste. Durch einen schrillen Schrei wurde sie aus ihren Gedanken gerissen.

Carolin Maiwald

Erschrocken blickte sie sich um und sah Winnie, der um den Transportwagen schlich. »Was hast du?« Der zweite gelbe Stein am Armband flackerte. Diesmal löste es Neugier in ihr aus.

»Da, da, da …«, stotterte Winnie. »… die Plane am Wagen hat sich bewegt. Dort ist etwas drin.«

Die Bergel hatten einen Kreis um den Wagen gebildet. Das Laternchen flackerte ähnlich hell wie der gelbe Stein. Beides gemeinsam reichte, um die Umgebung einigermaßen zu erkennen.

Die Plane wackelte tatsächlich leicht. Aber es war kein Wackeln im eigentlichen Sinne. Eher ein leicht rhythmisches Auf- und Abbewegen. Ganz gleichmäßig.

Julie trat einen Schritt näher heran.

Nichts geschah. Die Bergel folgten. Noch einen Schritt näher am Wagen, konnte sie die Plane mit der Hand erreichen. Still blickte sich die Gruppe an. Bereit, das Geheimnis zu lüften, zählten sie schweigend, die Köpfe leicht nickend, bis drei: »Eins, zwei, …«

Dann griff Julie nach der Plane und zog sie mit einem Ruck herunter. Im selben Augenblick schauten zwei müde Bergelkinderaugen in die verblüfften Augen der Umstehenden.

Winnie sammelte sich als Erster. »Maya! Was machst du hier?«

Das kleine Bergelmädchen rieb sich die müden Augen. »Ich wollte helfen.« Ihre Stimme klang leise und unsicher. Sie wusste, dass es falsch war, still und heimlich in den Wagen zu klettern. Eigentlich hätte sie jetzt Ärger erwartet.

Winnie, der nicht zu Unrecht die Gruppe leitete, schüttelte nur den Kopf. Streit würde sie jetzt nicht weiterbringen. »Maya, hör mir gut zu. Du kannst nicht im Wagen bleiben. Sollte Gefahr drohen, ist der Wagen das Erste, was wir zurücklassen werden. Er hat keinen Wert für uns. Wir müssen gesund und unverletzt zurückkehren. Wenn wir nicht wissen, wer alles zur Gruppe gehört, können wir nicht aufeinander achten.« Winnie reichte Maya die Hand und half ihr beim Herunterklettern. »Julie, bitte nimm Maya zu dir. Ihre kleinen Füße werden sie nicht so weit tragen.«

Jetzt wollte Maya protestieren, aber Winnie winkte mit einer eindeutigen Geste ab, drehte sich weg und half den anderen Bergel, die Plane wieder über den Wagen zu spannen. Als alles gerichtet war, setzten sie ihren Weg fort.

Katja Lippert

6. Dezember

Der Weg in die Grotte

Die Schlucht verschwand schnell in den dunklen Nebelwolken. Auch das Rauschen des Albtraumflusses war nach kurzer Zeit nicht mehr zu hören. Stattdessen legte sich eine nachdenkliche Atmosphäre über die Gegend.

Der Weg führte leicht bergauf. Die Bäume dicht neben ihnen wurden zahlreicher und größer. Julie vermutete, es seien Fichten, ähnlich wie bei ihr zu Hause. Was sie sicher wusste, war, dass es aussah wie ein unheimlich dicht werdender Hexenwald.

Da sie nun ein kleines Bergelkind in ihrer Lockenmähne sitzen hatte, wollte sie ihre Ängste gut verstecken. So summte sie ein Schlafliedchen, das sie von ihrer Großmutter kannte.

Maya lauschte gespannt, bis sich der Waldweg zu einem dünnen Trampelpfad verengte und sie an einem Fichtenzweig hängen blieb. »Ah!« Maya schrie erschrocken auf, hielt sich für einen Moment am Zweig fest, purzelte dann nach unten und verschwand in der Tiefe eines winzigen Loches. Winnie und Julie blickten sich ratlos an.

Diesmal gewann Julie die Fassung als Erste zurück. »Maya? Kannst du mich hören?«, rief sie in das Loch.

Keine Antwort drang an die Oberfläche.

»Maya?«

Nichts.

Im selben Moment durchbrach die Dunkelheit ein leicht rötliches Licht. Schnell kam der Bergel mit dem Laternchen auf Julie zugestürmt. Er stupste sie am Arm. An ihrem Armband leuchtete nun der zweite rote Stein hell und klar.

Kraft durchströmte ihre Gedanken, sie schloss die Augen.

Erneut bildete sich ein Lichtband. Es legte sich um die große Fichte, die unmittelbar neben dem Loch nach oben ragte.

Julie nahm vorsichtig die Arme in die Höhe. Das rote Lichtband löste die tiefen Wurzeln des knochigen, alten Baumes aus der Erde und ließ ihn weit in die Höhe schweben. Durch eine ausladende Handbewegung Julies zur Seite schwebte er nach links.

Als Julie die Arme nach unten führte, landete er wieder am Boden. Die Erde tat sich auf, und der Baum fand ein neues Plätzchen. An der alten Stelle jedoch war ein großer Höhleneingang sichtbar geworden. »Maya, kannst du uns hören?«, riefen Winnie und Julie im Chor, doch sie bekamen immer noch keine Antwort.

Ein leises Tuscheln ging durch die Bergelgruppe. Man beschloss, den Wagen am Höhleneingang zurückzulassen und in der Höhle nach Maya zu suchen.

Julie, die für den Gang in die Höhle zu groß war, musste sich auf die Knie begeben und sehr vorsichtig hineinkrabbeln.

Marie Morgenstern

Es war mühsam. Jedes Steinchen schmerzte unter ihren Knien. Mit ihrem Kopf berührte sie mehrmals die Höhlendecke. Nass und schlammig war die Erde an den Wänden und am Boden. Kein einladender Weg – noch weniger als der bisherige.

Der Höhlengang ähnelte einem Schlangenkörper. Er wand sich von einer um die nächste Kurve. Ging einmal bergauf und im nächsten Moment wieder bergab. Zu Julies Erleichterung gab es keine Abzweigungen oder andere Gänge, in die man hätte abbiegen können.

Nach gefühlten Stunden der Anstrengung endete der Weg in einer Grotte. Hier konnte sich Julie endlich aufrichten.

Als sie sich umblickte, kam sie aus dem Staunen nicht mehr heraus. Die Grotte war taghell erleuchtet. Überall an den Wänden funkelten verschiedene Erze und fein geschmiedete Kerzenleuchter. Zart umrahmte Bilder von uralten Bäumen und Blumen hingen dazwischen. Es war warm hier, und die Grotte selbst durchzog ein Fluss aus kristallklarem Bergwasser.

»Julie!«, rief es plötzlich durch den Raum.

Maya kam der Gruppe entgegengelaufen, mit einem Ausdruck der Erleichterung im Gesicht.

»Maya, bist du in Ordnung?« Winnie nahm die kleine Bergel in den Arm.

»Es ist alles gut. Seht nur, dieser schöne Ort hier! Es ist hell und warm. Die Dunkelheit ist nicht bis hierhergekommen.« Maya zeigte mit ihrer kleinen Pfote einmal quer durch die Grotte. Die anderen folgten mit ihren Blicken.

Maira Ilse Lippert aus Schwarzenberg, Heinrich-Heine-Oberschule Lauter-Bernsbach, *Juni 2011

7. Dezember

Barbara und das Amulett

Julie blieb mit den Augen an den Bildern hängen. Es wirkte seltsam. Die Bäume und Blumen glichen der Welt, in der sie sich gerade befand. Es war aber lediglich eine Ähnlichkeit – nicht wirklich diese Welt. Nicht die Welt der Bergel. Es waren Pflanzen aus ihrer Heimat: Vogelbeeren, Fichten, Arnika, Trollblumen, Moor-Klee und Buschnelken erkannte Julie auf den Abbildungen.

»Was ist mit dir?« Winnie hatte gespürt, dass Julie mit ihren Gedanken abwesend war.

»Winnie! Deine Welt und meine. Sie müssen eine Verbindung haben«, begann Julie und zeigte auf die Bilder. »Diese Pflanzen wachsen alle bei mir zu Hause. Wie kommen sie auf die Gemälde hier unten in dieser Grotte?«

Winnie zog die Schultern in die Höhe.

Unterdessen lief Maya erneut durch die Grotte. Sie genoss die Schönheit an diesem Ort. Gleichzeitig hatte sie eine enorme Neugier gepackt. Mit ihrem Näschen beschnupperte Maya die Wände. Ein süßlicher Duft nach Marzipan stieg ihr in die Nase. Sie betastete den warmen Boden und trank einen Schluck vom Flusswasser. Köstlich.

Da färbte sich das Flusswasser umgehend in ein strahlendes Blau. Es funkelte und glitzerte an den Uferrändern. In der Mitte zog sich das Wasser zusammen. Eine herrlich gewundene, in Formen und Mustern verzierte Fontäne schoss an die Decke.

Maya, Winnie, Julie und die andern Bergel standen staunend davor. Keiner wagte es, sich zu rühren. Nach wenigen Wimpernschlägen teilte sich die Fontäne in der Mitte. An dieser Stelle erschien eine bildschöne Fee. Sie trug ein Gewand aus reich verzierter, in verschiedenen Blautönen gefärbter Spitze, die Ärmel weit fallend, ein zarter türkisblauer Schleier im Haar und ein bodenlanges, schimmerndes Kleid.

In dieser Sekunde stand die Welt für einen Moment still. Mit leiser Stimme begann das zauberhafte Wesen zu sprechen: »Julie, sei mir willkommen. Es ist schön, dass du mich besuchen kommst.«

Julie wirkte ratlos. Woher kannte die Fee ihren Namen? Warum hatte sie auf den Besuch gewartet?

Das Armband an Julies Arm meldete sich auch wieder. Der zweite blaue Stein begann zu leuchten. Klar und hell. Ihr Name war auch dieses Mal deutlich zu erkennen.

»Mein Name ist Barbara. Ich bin eine Ur-Ur-Ur…-Ahnin deiner Großmutter«, sprach die Fee weiter.

Julie, Maya und die anderen hatten ihre Sprache noch immer nicht wiedergefunden und lauschten gebannt.

Sogleich hob Barbara ihren Arm.

Nikki Krause und Elli Morgenstern

Der Ärmel des Gewandes reichte dabei bis auf den Boden. Sie vollführte mit der Hand eine schwungvolle, heranwinkende Geste, wodurch Julie zwei Schritte nach vorn taumelte.

Im selben Augenblick umhüllte Barbara und Julie ein blauer Mantel aus Sanftmut. Sternenglitzer füllte den Raum, weshalb Julie die Augen schloss.

Nun stand sie wieder in der Heimat, viele hundert Jahre in der Geschichte zurückversetzt. Es kamen viele Menschen aus unterschiedlichsten Gegenden, um sich gemeinsam im Erzgebirge anzusiedeln. Verschiedene Zeitepochen durchflog Julie. Sie sah die neue Besiedlung ihrer Heimat durch Menschen, die dem Ruf der Erzfunde in dieser Gegend folgten. Sie erlebte die Höhepunkte des Silbererzabbaus und spürte die Unruhen der Bürger aufgrund von Brotpreiserhöhungen.

Auch die Zerstörung vieler Berganlagen durch Kriegseinwirkung konnte Julie sehen. Der Bau des ersten deutschen Eisenbahntunnels durch Bergleute war beeindruckend.

Danach folgte der Wandel hin zur Suche nach anderen Erzen. Alles fühlte sich so lebensecht, so real an.

Auch bei der Hochzeit von Barbara hielt die Zeitreise Einzug. Julie durfte einen wunderschönen, handgefertigten Spitzenkragen bewundern. Er war für den Bräutigam bestimmt. Eine schöne Erfahrung, fand Julie, als sie ihre Augen wieder auftat und noch immer in der Grotte stand.

Katja Lippert

Zum ersten Mal kam ihre Stimme wieder. »Warum zeigst du mir diese Dinge?«, wollte Julie wissen.

»Es ist an der Zeit. Vieles verändert sich gerade. In diesen Tagen erobern sich der Neid und der Streit Platz in den Herzen vieler Menschen. Einst verbanden die Arbeit und gemeinsame Interessen die Leute. Jetzt finden allerlei Unsicherheiten ihre Plätze im Alltag. Das versperrt die Sicht und bringt Chaos in die Köpfe, wo Weitsicht gefragt ist.«

Julie senkte den Blick. In Gedanken lauschte sie den Nachrichten die sie täglich im Internet, Radio und Fernsehen verfolgte. Nur wenige schöne Dinge kamen ihr dabei in den Sinn.

Barbara reichte Julie die Hand. »Nimm dieses Amulett an dich. Es wird dir einen Weg zeigen, um Neid und Angst aus den Herzen der Menschen zu verdrängen.« Damit schloss sich die Wasserfontäne so plötzlich, wie sie sich geöffnet hatte. Die Grotte wirkte hell, der Zauber allerdings war erloschen.

8. Dezember

Wieder heraus aus der Grotte

Winnie streckte seine Hand Richtung Julie. »Zeig mal!« Er griff nach dem Amulett. Es war nicht größer als ein Hemdknopf und ganz kunstvoll geschmiedet. Den Rand verzierten kleine Blüten in verschiedenen Grüntönen. Das Herzstück des Amuletts trug die Aufschrift *REMEMBER ME*, während ein leeres Dreieck und ein Fünfeck Fragen aufbrachten.

Erst jetzt bemerkte Maya, dass die übelriechende Dunkelheit sich einen Weg in die Grotte gesucht hatte und den Raum zunehmend füllte. Sie zog Julie an der Jacke. »Julie, sieh nur! Wir müssen schnell heraus aus der Grotte. Die dunklen Nebelwolken versperren uns bald die Sicht.« Schnell drehten sich alle in die Richtung, aus der sie gekommen waren.

Julie musste sich erneut auf die Knie begeben, um überhaupt durch den kleinen Gang zu passen.

Winnie nutzte die Gelegenheit und hing Julie das Amulett um den Hals. »Das gehört dir.«

Der Bergel mit dem Laternchen voran, Winnie, Maya und die anderen Bergel folgend, bildete Julie die Letzte in der Reihe.

Katja Lippert

Sie kamen nur langsam voran. Die stinkenden Nebelwolken machten das Atmen schwer. Wieder führte der Weg bergauf und bergab. Schlängelte sich einmal nach links und ein anderes Mal nach rechts. Die Zeit verging nur schleppend.

Doch irgendwann, endlich!, hatten sie den Ausgang erreicht. Es wurde nur wenig heller, aber sie konnten durchatmen. Der zurückgelassene Wagen stand unverändert am selben Platz. Hinter ihnen verschloss sich der Höhleneingang.

An dessen Stelle blieb nur das kleine Loch zurück, in das Maya hineingefallen war. Daneben, genau dort, wo der alte Baum gestanden hatte, wuchs ein kleines, neues Bäumchen.

Erst jetzt bemerkten die Bergel, dass sie müde vom Weg geworden waren. So beschlossen sie, eine Pause einzulegen. Der Wagen wurde ein wenig weitergezogen. Neben dem Trampelpfad tat sich eine kleine, geschützte Lichtung auf. Dort wollten sie die Nacht verbringen.

Es nahm einige Zeit in Anspruch, bis der Wagen entladen war. Ein Feuerchen wurde entfacht, und die Plane, mit Zweigen gestützt, diente als Zelt.

Auch Julie war erschöpft. Die vielen Eindrücke und Erlebnisse nagten merklich an ihr. Immer wieder kam ihr der Schriftzug in den Sinn. *REMEMBER ME*. Es stand sowohl auf dem Armband als auch auf dem Amulett. *REMEMBER ME*. »Behalte mich in Erinnerung«, flüsterte sie gedankenverloren.

*Elias Siegfried Lippert aus Schwarzenberg, Bertolt-Brecht-Gymnasium Schwarzenberg, *Juni 2013*

Woran sollte sie sich erinnern? An die Großmutter? Vielleicht würde sie bald sterben. Ging es überhaupt um sie? Oder war es eine ganz andere Sache.

Während Julie grübelte, legte sich Maya wieder in ihre Locken. Das kleine Bergelmädchen kuschelte sich auf ihrem Kopf richtig ein. Dabei zuckte Julie zusammen, es ziepte ziemlich. Als sie den Kopf hob, um in die Dunkelheit zu blicken, bemerkte sie, dass die anderen Bergel bereits tief und fest schliefen. Jetzt versuchte auch Julie, etwas Schlaf zu finden, und legte sich vorsichtig auf den piksenden Waldboden. Für das Zelt war sie zu groß, lediglich ihren Rücken deckte die schützende Plane etwas ab.

9. Dezember

Ein Abschied mit Herzenstränen

Den nächsten Morgen nicht zu verpassen war schwierig. Durch die Dunkelheit der Nebelwolken konnte man kaum erkennen, ob die Sonne schon am Horizont stand oder noch hinter den Bergen und Wäldern schlief. Julie fühlte sich jedenfalls noch sehr verschlafen, als Winnie sie mit einem kleinen Ästchen an der Nase kitzelte. »Guten Morgen, Schlafmütze! Wir haben den Wagen schon einmal beladen und etwas zum Frühstück gemacht. Kommst du mit oder schläfst du weiter?« Ein schelmisches Grinsen huschte über Winnies Gesicht.

Julie rieb sich die Augen und nickte nur.

Trotz der Widrigkeiten war das Frühstück ein Genuss. Die Bergel verstanden es, Leckereien über dem Lagerfeuer zu zaubern. Am allerbesten schmeckte ihr der süße, warme Trank, den sie zum Abschluss von Maya gereicht bekam.

Gut gestärkt zog die Gruppe bald weiter Richtung Landesgrenze.

Inzwischen kamen sie gut voran. Von Zeit zu Zeit schaute jeder bedacht auf seinen Hintermann, damit auch keiner verlorenging. Julie schweifte mit ihren Gedanken zurück in ihre Heimat.

Katja Lippert

Sie hatte das Gefühl, dass auch dort die Zeit langsam weiterläuft. Lebensecht, als stünde sie im Raum, beobachtete Julie, wie die Großmutter nun merklich schwächer wurde. Ihre Lebenszeit neigte sich dem Ende, wobei sie selig lächelte.

Als sich der Tag in der Oberwelt mit einem blutroten Farbenspiel am Himmel verabschiedete, schloss sie für immer die Augen.

Julie spürte einen dicken Kloß im Hals. Die Tränen kullerten ihr sanft über die Wangen. Tieftraurig stapfte sie weiter in der Dunkelheit, um wenigstens die Bergel bei der Rettung ihrer Welt zu unterstützen. Durch ein leichtes Kitzeln an ihrer Wange wurde Julie aus ihren Gedanken zurückgeholt.

Maya war auf ihre Schulter gehopst und hatte begonnen, Julies Tränen in einem kleinen Blätterbecher einzusammeln. Dabei streichelte Maya zärtlich über ihre Wangen.

Julie seufzte. »Du bist ein richtiger, kleiner Bergengel«, flüsterte sie Maya ins Ohr.

Winnie, der die Szene beobachtet hatte, blieb nun stehen. Anerkennend nickte er dem kleinen Bergelmädchen zu. »Das hast du gut gemacht. Aufrichtige Herzenstränen können wahre Wunder bewirken.« Ein zweites Mal nickte er schweigend, drehte sich wieder dem Weg zu und lief weiter.

Julie nahm einen Halm vom Wegesrand, knotete damit den gefüllten Blätterbecher am oberen Ende zu und band ihn Maya um den Hals.

»Ich weiß zwar nicht warum, aber das scheint dir wichtig zu sein.« Maya war erfreut über die gute Beobachtung ihrer großen Freundin und dankte ihr zufrieden.

Leonie Hauptlorenz

10. Dezember

Symbolrätsel

Bis zur nächsten Rast passierte nichts Außergewöhnliches. Die kleine Gruppe folgte zielstrebig dem engen Trampelpfad durch den Wald. Bald errichteten sie unter drei großen Bäumen ihr nächstes Lager und setzten sich erneut gemeinsam ans Lagerfeuer. Diesmal wurde viel erzählt und gelacht. Winnie kannte viele Geschichten aus früheren Zeiten. Von gemeinsamen Erlebnissen mit anderen Bergelfamilien oder von Dingen, die im Arbeitsalltag für ein Schmunzeln sorgten.

Das lockerte die Stimmung bei Julie merklich auf. Natürlich war sie weiter traurig über den Verlust ihrer Großmutter. Jetzt konnte sie sich aber zunehmend an schönen Erinnerungen mit ihr erfreuen. Das gab Julie Kraft und Halt.

Irgendwann schlief sie ein.

Als sie erwachte, hielt ihr Maya eine Spiegelscherbe vor das Gesicht. »Und? Wie findest du's?«

Julie rieb sich den Schlafsand aus den Augen und begann zu strahlen. »Maya! Warst du das?«

Das kleine Bergelmädchen nickte.

Feline Schnee Febriyanto aus Indonesien/Banten/Tangerang, *Juni 2012

Julies Lockenmähne war zu einer kunstvollen Frisur verflochten und hochgesteckt. In den einzelnen Zöpfen befanden sich kleine, verschiedenfarbige Blüten. Zusammengebunden waren die Haare mit Halmen vom Wegrand. Als Haarnadeln dienten kleine Stöckchen, die überall auf dem Boden zu finden waren.

»Jetzt siehst du aus wie ein Engel«, verkündete Maya stolz.

Julie blickte verträumt in die Spiegelscherbe. Wirklich hübsch, dachte sie. Im selben Augenblick kam ihr eine Idee: ein Engel. Aber natürlich! Das Dreieck im Amulett, es könnte für Dreieinigkeit stehen und somit ein Symbol des christlichen Glaubens abbilden. Es soll uns Hoffnung machen, darauf, dass wir nicht allein sind.

Julie nahm den Arm etwas nach oben. Ein grüner Stein an ihrem Armband begann ganz leicht zu leuchten.

Jetzt trat Winnie an sie heran. »Vielleicht kannst du das Fünfeck auf dem Amulett als Sinnbild für Harmonie deuten«, ergänzte er nachdenklich.

»Winnie, deine Welt und meine, sie sind sich sehr nahe. Es wäre so schön, wenn wir das Rätsel gemeinsam lösen könnten.«

Melina Walther, Shirin Löbel, Emely Födisch

11. Dezember

Die Grenzen

Julie strich mit dem Finger über den grünen Stein. Nur langsam wurde er heller. In der Ferne wurde das schwarze Glitzern und Funkeln derweil immer stärker. Die dunklen Nebelwolken wälzten sich unermüdlich über das Land. Vorbei an Bergen, langsam durch tiefe Täler, wie ein großer Wurm um Bäume herum und auch tiefe Höhlen waren inzwischen nicht mehr sicher.

Winnie war besorgt. Die Bergelburg bot einen sicheren Unterschlupf. Aber auch dort würden seine Freunde nicht lange bleiben können, wenn der Nebel nicht verschwand. So drängte er zur Eile.

Den dichten Wald hatten sie verlassen. Es öffnete sich eine weite Landschaft mit kleinen Hügelchen, die von Bächen und kleineren Seen voneinander abgegrenzt waren. Nur wenige Sträucher wuchsen rechts und links an den Ufern.

Weit sehen konnte man nicht, aber inzwischen besser atmen. Der schwarze Dunst fand an diesem Ort wenig zum Festhalten. So zog er schnell und in einiger Höhe über den Boden hinweg.

Für Winnie, Maya, Julie und die anderen war es eine Wohltat nach diesem langen Marsch durch den Wald.

Abel-Alois Richter, Brückenberg-Schule Schwarzenberg, *November 2008

»Winnie, was erwartet uns an deiner Landesgrenze?« Julie wusste inzwischen einiges über die Welt der Bergel. Was um dieses seltsame Land herum geschah, wollte sie auch erfahren.

Winnie zuckte zögerlich mit den Schultern. »Genau kann ich dir das auch nicht sagen. Unsere Grenzen sind ganz klar von der Natur gestaltet. Im Süden unseres Landes gibt es eine tiefe Schlucht. Dort ist es sehr warm, und die schönsten Pflanzen wachsen darin.

Im Norden endet unser Reich an einem breiten Gletscher. Eisvögel und Eisblumen haben dort ihren Platz. Die anderen Grenzen werden von Flüssen gebildet, die sich langsam und behaglich durch die Landschaft schlängeln.

Die Welt der Bergel ist groß genug für alle. Wir haben schöne Orte, um Urlaub zu machen, genügend Land für den Anbau von Lebensmitteln, Wiesen und Felder für unsere Tiere und Bodenschätze, um Werkzeuge, Häuser und andere Dinge herzustellen.

Hin und wieder haben wir Besuch aus der Oberwelt. Immer dann, wenn die Wasserflöhe um das Regenbogenende tanzen. Schon oft haben unsere Vorfahren mit deinesgleichen zu Mittag gegessen. Wir haben viel miteinander gesprochen, gelacht, gesungen und getanzt. Aber es waren auch alle froh, wenn jeder wieder in seinem Zuhause war. So ein bisschen Ruhe und Zeit für die eigenen Belange sollte man sich schon gönnen.«

Julie huschte ein kurzes Schmunzeln über die Lippen. Es war ein Genuss, Winnie bei seinen Ausführungen zu lauschen.

Linna Wähner aus Königswalde, Oberschule Jöhstadt, *Oktober 2012

Erzählen konnte er einfach spitze. Ehrlich, aufgeschlossen und frei heraus sagte er, was gerade dran war. Bei den folgenden Worten lauschte Julie dann wieder gespannt: »Wenn ich etwas über die Sache nachdenke, dann bilden unsere Grenzen wahrscheinlich die Grenze zur Menschenwelt. Andere Bewohner als die der Oberwelt haben wir noch nie kennengelernt.« Winnie endete, wie er begonnen hatte – mit einem Schulterzucken.

12. Dezember

Der Punsch

Nachdem sie den Weg einige Zeit schweigend weitergelaufen waren, hielt der Bergel mit dem Laternchen auf dem Rücken an. Ein kurzes Gespräch mit Winnie folgte.

Julie konnte nichts verstehen. Also blieb sie stehen und betrachtete ihr Armband. Der grüne Stein leuchtete ganz leicht weiter. Die ersten Buchstaben ihres Namens waren auch schon schwach zu erkennen. Ansonsten hatte sich nichts verändert.

Die vorherigen Steine waren deutlich heller. Deshalb lauschte Julie jetzt wieder, was die Bergel berieten.

Maya kam auf sie zugelaufen. »Julie, wir machen eine kurze Pause. Ein warmes Tässchen Punsch wird uns gut schmecken. Es ist nicht mehr weit bis zur Grenze. Wir brauchen eine Stärkung.«

Wirklich eine gute Idee!

Sie luden den Wagen ab. Ein Lagerfeuer wurde vorbereitet und die Zutaten für den leckeren Punsch in den Topf gegeben.

»Maya, was ist in dem Punsch drin?«, wollte Julie wissen.

»Das kann ich dir nicht verraten. Jedenfalls nicht komplett. Es ist ein Rezept von unseren Großmüttern …

*Florentine Schubert aus Marienberg, Gymnasium Marienberg, *Juni 2012*

Dazu gehört ein Päckchen Vertrauen, ein Löffelchen Liebe, eine Prise Herzenswärme, zwei Gramm Versöhnlichkeit und etwas Harmonie. Danach kannst du den Punsch nach Belieben verfeinern. So entstehen immer neue Geschmacksrichtungen. Auch die Wirkung lässt sich nach Belieben verändern.«

Julie war erstaunt über Mayas genaue Ausführungen. Sie wusste wirklich gut Bescheid.

Auch dieses Mal schmeckte der warme Trank vorzüglich. Eine schokoladige Note überwog in diesem Fall. Das spendete Energie nach dem langen Weg.

Nun setzte sich Winnie neben sie. »Weißt du, Julie, wir lassen uns nicht besitzen. Die Welt der Bergel ist ein schöner Ort, an dem Zufriedenheit und Gemeinschaft ein großes Gut bilden. Was auch immer diese stinkenden Nebelwolken verursacht, wir müssen es beenden.«

Ein fragendes Gesicht saß Winnie gegenüber. Deshalb sprach er weiter: »Die Vorfahren haben in einer alten Schriftrolle von einem Erlebnis berichtet. Dort heißt es: Der böse Hexenmeister bringt Neid und Angst über das Land. Er benebelt die Gedanken durch schwarze, glitzernde Nebelsuppe und verschließt die Augen für schöne Dinge. Die Nachbarn sind unzufrieden mit ihrem Leben. Sie greifen nach Macht und Ruhm, ohne das Wesentliche zu erkennen.«

Julie dachte an ihren Heimatort zurück. Viele schöne Dinge kamen ihr in den Sinn. Das Handwerk …

Najah Hritani, Brückenberg-Schule Schwarzenberg, *Januar 2011

Echte erzgebirgische Volkskunst. Die echte Gemeinschaft der kleinen Gemeinden. Verschiedene Künstler. Faszinierende Bergbaugeschichten. Vieles war weit über die Grenzen ihrer Heimat hinaus bekannt.

Leider kamen ihr auch die aktuellen Probleme in den Sinn. Das Leben war vermischt mit Sorgen der verschiedensten Arten. Angst vor dem Neuen, Geldsorgen und Unsicherheiten an naheliegenden Grenzen. All das hangelte sich durch die Häuser und Gassen der kleinen Ortschaften.

»Wenn eure Grenzen tatsächlich an unser Land reichen, dann müssen wir gemeinsam eine Lösung finden. Sollte uns das gelingen, wird es in unseren beiden Ländern wieder ein schöneres Leben werden.«

Julie griff nach Winnies Pfote. Ein stiller Handschlag besiegelte den gemeinsamen Plan.

13. Dezember

Kindliche Weisheit

Plötzlich sprang Maya auf. »Julie, sieh nur!« Maya wedelte wild mit ihrer kleinen Pfote. »Das Fünfeck auf deinem Amulett. Es leuchtet auch grün!«

Jetzt bemerkte auch Julie, dass beide Schmuckstücke von einem grünen Schimmer überzogen waren. Sie streifte das Armband ab und legte es samt der Kette in ihre Hand.

Maya und Julie starrten gebannt auf die beiden Dinge. Während das Armband etwas heller als zuvor leuchtete, blinkte das Fünfeck im Amulett nur leicht. In dem Stein des Armbandes stand weiter Julies Name. Doch wie erstaunt waren alle, als im Amulett ganz schwach Mayas Name auftauchte.

»Nur wenn die Oberwelt mit unserer zusammenarbeitet, lässt sich das Gleichgewicht wiederherstellen«, flüsterte Winnie fasziniert. Dann nahm er Julie das Amulett aus der Hand und legte es Maya um den Hals. Dabei wurde das grüne Schimmern merklich heller.

»Wir müssen näher an die Quelle der schwarzen Nebelwolken heran. Packen wir den Wagen zusammen und gehen weiter!«

*Leon Pascal Lippert aus Dresden, WBS Training Schulen Dresden, *Juli 2004*

Winnie wirkte ruhig. Sein linkes Ohr zuckte allerdings leicht, was Julie einer gewissen Anspannung zuordnete. Nachdenklich saß Maya weiter am Feuer.

»Wir sollten den Wagen zurücklassen. Der Weg ist nicht mehr weit. Bei Gefahr können wir uns zu unserem Gefährt zurückziehen. Doch auf der Zielgeraden stört uns sein Gewicht.« Julie blickte gespannt zwischen dem kleinen Bergelmädchen und Winnie hin und her. Eigentlich führte Winnie die Gruppe. Maya war nur heimlich dazugekommen. Aber auch diesmal, wie Julie fand, war Winnie ein guter Anführer.

Schweigend, mit einem Hauch von Anerkennung, nickte er Maya zu.

Der Wagen wurde hinter eine kleine Erhebung geschoben und mit ein paar Zweigen und Blättern bedeckt. Auf den ersten Blick war er nicht mehr zu erkennen. Der Start zur entscheidenden Etappe dieser aufregenden Reise folgte.

Aurelia Winata aus Indonesien/Banten/Tangerang, *August 2011

14. Dezember

Die Festung

Winnie ging mutigen Schrittes voraus. Er folgte den Nebelschwaden, die deutlich dichter wurden. Der Weg führte sie mehrere Hügel hinauf und hinab. Als sie den fünften Hügel hinaufgestiegen waren, blieben sie erstaunt stehen. Da war sie: die Grenze des Bergelreiches. Ein großer Fluss schlängelte sich durchs Tal. Er war ruhig und breit. An den Ufern wuchsen unzählige Schilfgräser, in denen kleine, bunte Fabelwesen emsig ihre Nester pflegten. Große Weidenbäume, genau wie bei Julie am Teich, ragten weit bis ins Wasser hinaus. Das gesamte Ufer des Flusses war bewachsen. Sie ließen ihre Augen über die Wasseroberfläche gleiten. Alles blieb ruhig.

Angekommen am anderen Ufer jedoch zeigte sich ein Ort des Schreckens. In dem Dunst der schwarzen Wolken konnten sie die Umrisse einer großen, mächtigen Festung erkennen. Unmittelbar neben einem steilen Hang gelegen, ragten dort Mauern aus altem Gestein in die Höhe. An den Ecken der Behausung bildeten große, runde Türme den Abschluss. Diese hatten allerdings kein Dach, sondern brannten an den Spitzen wie riesige Fackeln. Den Eingang versperrte eine schwere, mit Eisenbeschlägen verzierte Holztür.

Jeremy Hauptlorenz

Davor befand sich eine breite, halb hochgebundene Zugbrücke. Der Hof war von allen Seiten verschlossen, von dem Hügel aus konnte man aber hineinblicken.

Dort funkelte und glitzerte es schwarz. Ein Meer aus stinkenden, dunklen Wolken stieg aus dem Inneren empor.

»Wir haben die Quelle gefunden!«, flüsterte Maya den anderen zu.

Die kleine Gruppe blickte sich vorsichtig um.

»Wie sollen wir zu dieser schrecklichen Festung kommen? Der Fluss scheint sehr tief zu sein.« Julie schaute gebannt in den Hof. Es war beängstigend: dieses Schauspiel aus immer neuen Rauchwolken und sprühenden Funken.

Im selben Moment legte Winnie seine Pfote auf Julies Schulter. »Sieh mal, dein Armband leuchtet immer heller. Diesmal wird uns der grüne Stein helfen können.«

Auch Mayas Amulett strahlte nun deutlich heller.

»Grün. Die Farbe der Hoffnung«, stellte Julie fest. »Lasst uns vorsichtig ans Ufer gehen! Wir müssen eine Möglichkeit finden, um den Fluss zu überqueren.«

Irma Ullrich

15. Dezember

Wenn Traditionen Brücken bauen

Langsam und sehr behutsam gingen sie den Hügel hinab. Einen Weg gab es nicht mehr. Lose Steinchen und verschiedene Pflanzen bildeten den Untergrund.

Immer wieder rutschte Julie unfreiwillig mit den Schuhen weg. Die Bergel blieben zur Sicherheit hinter Julie. Sie wollten nicht von einer Gerölllawine den Hang hinuntergezerrt werden.

Nach dem Abstieg dauerte es wenige Wimpernschläge, bis sie am Ufer des Flusses angekommen waren. Die Äste der Weiden hingen wie lange Fäden zwischen dem Schilf herunter. Das Dickicht versperrte den Blick zum Wasser und zur Festung. Den einzigen Lichtschimmer hier unten bildeten die beiden Schmuckstücke.

Julie und Maya blickten sich an. Schweigend nahm jeder sein Teil in die Hand und legte es an den Wurzeln der größten Weide ab.

Ein magischer Moment folgte. Der grüne Stein und das grüne Fünfeck bildeten zeitgleich ein Lichtband. Dieses verflocht sich kunstvoll wie in einem Tanz zu einem grün leuchtenden Lichtstrahl. Er legte sich elegant um die Weide und bildete in deren Krone einen glänzenden, runden Spiegel.

Julie schaute nicht schlecht, als sie erkannte, welches Spiegelbild sich immer deutlicher zeigte. Es war der Geist ihrer Großmutter. Allerdings in jungen Jahren.

Dazu gesellte sich eine zweite Frau. Maya erkannte Barbara. Beide Frauen saßen in altmodischen Kleidern in einer kleinen Stube am Kamin. Vor sich je einen Klöppelsack, klapperten die Klöppel in einem schwindelerregenden Tempo von einer zur anderen Seite.

Es bildete sich ein langes, stabiles Band auf der Rückseite des Sackes. Dieses Bild blieb für einige Sekunden in der Krone der Weide hängen. Dann erlosch es langsam, während sich der grüne Lichtstrahl in die Schmuckstücke zurückzog.

Julie und Maya griffen zeitgleich danach, nickten sich zu und legten Armband und Amulett wieder an.

Winnie und die anderen Bergel schauten die beiden Mädchen fragend an.

»Lasst uns eine Brücke bauen!«, strahlte Maya fasziniert in die Runde.

»Du bist verrückt! Wir haben unseren Wagen zurückgelassen und kein Werkzeug dabei, um die Bäume zu fällen. Außerdem würde es sehr lange dauern, ehe wir eine so große Brücke errichtet hätten.« Winnie schüttelte entnervt den Kopf. Doch als er Julie anschaute, bemerkte er, dass diese Idee durchaus ernst gemeint war. Denn auch Julie strahlte und nickte Maya zu. »Es ist die Hoffnung, die wir brauchen. Kein Werkzeug.«

Elise Dufraine, Clemens-Thieme-Grundschule Borna

Ohne weiter auf die Umgebung zu achten, fingen Julie und Maya an, dünne Zweige aus der Weide zu pflücken.

Winnie und die anderen Bergel schauten eine Weile zu. Dann begannen sie, den beiden zu helfen.

Ein dankbares Lächeln war ihr Lohn.

Nach einiger Zeit lag ein großer Haufen dieser Zweige am Ufer. Maya hatte damit begonnen, etwas dickere Äste am Boden aufzusammeln. Vorsichtig brach sie diese in gleichgroße Stücke.

Julie nickte zufrieden. Dann wickelte sie die dünnen Zweige auf die Aststückchen. Magische Spulen entstanden. Das kleine Bergelmädchen huschte unterdessen am Ufer hin und her. Schließlich winkte sie Winnie heran. »Bitte bring uns die gewickelten Äste hierher!« Sie zeigte auf einen dicken Stamm, der am Boden lag.

Winnie hatte weiterhin keine Ahnung, so erfüllte er einfach seine Aufgabe.

Inzwischen war Julie fertig und kam mit einem weiteren Häufchen der gewickelten Äste ebenso zu dem Stamm. Sie legte sich die Ästchen zurecht.

Gerade wie die Großmutter in der Stube begann Julie, ein breites Band aus Weidenzweiglein zu klöppeln.

Maya unterwies dabei die Bergel, weil diese mit ihren Pfoten an den Rändern die Nadeln ersetzen mussten. Es ging langsam voran, aber es bildete sich ein stabiles Band aus Weidenzweigen.

Winnie wickelte das Band, welches sich am anderen Ende des

Stammes bildete, zu einer großen Rolle auf. Er war erstaunt. Nun wuchs auch in ihm ein kleines Fünkchen Hoffnung.

Als die letzten Aststückchen leer waren, lag am Boden eine große Rolle. Breit genug, um darauf über den Fluss zu laufen.

Maya hüpfte inzwischen in der Krone der Weide herum. »Julie, am anderen Flussufer ragt ein Steg aus spitzen Steinen in den Fluss. Die feinen Schlaufen und Ösen der Brücke werden sich gut dort festhaken können.«

Julie nickte.

»Winnie, wir müssen die Brücke ein kleines Stück flussaufwärts bringen und einen Zugang zum Wasser finden.«

Es war mühsam, die große Rolle am Ufer entlangzuschieben. Aber es gelang. Auch eine Lücke im Dickicht konnte schnell gefunden werden. Jetzt rollten sie mit vereinten Kräften die Brücke ins Wasser.

»Die Hoffnung. Sie bleibt bis zuletzt.« Julie strahlte, denn ihr Plan schien aufzugehen.

Langsam entfaltete sich die Rolle. Die seichte Strömung des Flusses nahm das Weidenband gefangen und zog es behutsam den Fluss hinunter zur anderen Seite. Knapp vor den spitzen Steinen erreichte es das andere Ufer und wurde schließlich an der geplanten Stelle gebremst.

Julie und Maya zogen das Ende fest und legten es um zwei große Steine, die auf ihrer Uferseite lagen.

Elias Siegfried Lippert aus Schwarzenberg, Bertolt-Brecht-Gymnasium Schwarzenberg, *Juni 2013

Winnie schüttelte ungläubig den Kopf, sprang auf die Klöppelbrücke, hüpfte einige Male hin und her und landete mit einem breiten Grinsen genau vor Julie. »Ein dickes Lob den beiden Künstlerinnen! Nun lasst uns hoffen, dass die Verankerungen halten!« Er zeigte mit der Pfote auf den neu entstandenen Weg. Damit bat er einladend die ersten Bergel nach vorn.

Wie schon auf der Lichtbandbrücke über die Schlucht bildete sich wieder eine lange Reihe. Diesmal ging es allerdings im Schneckentempo voran, da die Zweige auf der Wasseroberfläche gefährlich hin- und herschwankten.

Immer wieder hielt Julie an. Maya aber hatte die Abenteuerlust gepackt. Sie schob die anderen gleichmäßig von hinten an.

Das kleine Grüppchen erreichte nach und nach das andere Ufer. Julie fiel ein Stein vom Herzen, als sie endlich wieder festen Boden unter den Füßen hatte.

Winnie rollte unterdessen einen größeren Stein heran. »Damit können wir auch dieses Ende der Brücke richtig sichern«, brummelte er. Ganz leise fügte er hinzu: »Nur, falls wir es auf dem Rückweg sehr eilig haben.«

16. Dezember

Der Weg in die Festung

Inzwischen war das grüne Leuchten des Steines und des Amulettes erloschen. Nun blieb ein einziger, grüner Stein übrig. Auch das Dreieck auf Mayas Schmuckstück hatte noch nicht gestrahlt.

Der Weg zur Festung gestaltete sich schwierig. Die eigenartigen Fackeltürme erhellten die Gegend. Gleichzeitig sprühten sie immer wieder kleine, glühende Feuerkugeln rund um das Gebäude.

Als sie endlich die Festung erreicht hatten, konnten alle unter der halb hochgebundenen Zugbrücke Schutz finden. Wachen gab es keine, also rasteten sie kurz.

»Wie wollen wir hineinkommen?«

Alles schien riesig. Selbst Julie hatte Platz, um aufrecht zu stehen. Weit über ihr ragten die Festungsmauern empor.

»Das ist ganz leicht.« Winnie setzte ein breites Grinsen auf. »Die Bergel suchen nach Erzen in der Erde. Wir sind zu klein für solche großen Mauern. Tunnel bauen, darin sind wir Fachleute.«

Die anderen nickten zustimmend.

Mit einem noch größeren Grinsen zog Winnie einen kleinen Klappspaten hinter dem Rücken hervor. »Für Notfälle«, meinte er.

Marie Kreissl

Auch der Bergel mit dem Laternchen lächelte verschmitzt. Dabei zog er eine kleine Spitzhacke aus der Gürtelschlaufe.

Julie blickte von einem zum anderen. Sie schüttelte ungläubig den Kopf. »Ihr seid super!«

Wenig später schlüpften alle durch einen kleinen Tunnelgang unter der Festungsmauer hindurch und landeten knapp hinter der Mauer im Hof.

Julie, die für den kleinen Gang mal wieder zu groß war, sah jetzt aus wie ein Maulwurf. Überall klebte Erde an ihren Sachen, und auch die bis dahin gut erhaltene Lockenmähne wirkte verfitzt. Angewidert schaute sie an sich hinab.

Maya musterte ihre große Freundin ebenso. »Julie. Guck nicht so grimmig! Das ist fantastisch!« Das kleine Bergelmädchen blickte sich weiter um. Mit ihrem rötlichen Fell und dem noch auffälligeren Schwanz bildeten die Bergel einen Farbklecks in der Umgebung. An die Bergel gerichtet, sagte Maya: »Wir sollten es wie Julie machen. Unsere Farbe ist zu auffällig. Staub und Schmutz aus dem Tunnel werden uns gut tarnen.«

Erneut verschwanden alle nacheinander im Tunnel. Es folgte eine kleine Dreckwolke, woraufhin kleine, schwarze Bällchen mit vier Pfoten herauskamen.

»Umstyling geglückt«, witzelte Winnie.

Katja Lippert

17. Dezember

Das Labyrinth

Sie standen dicht beieinander. Im Inneren der Festung war es ruhig. Auch hier sahen sie keine Wachen. Tiere, Geister oder andere Wesen … Fehlanzeige. Eine große Stille.

Julie blickte sich um. Eine kleine Baumgruppe, ein Brunnen, etwas weiter hinten weitere Mauern.

Am rechten Rand der Anlage stand ein aus Naturstein gemauertes Gebäude, aus dem die schwarzen Dunstwolken emporstiegen.

»Das sieht alles so leicht aus«, flüsterte sie Maya zu.

Maya nickte. Sie tat einen Schritt nach vorn und flog plötzlich durch die Luft.

»Maya!«, schrien Winnie und Julie zeitgleich. Glücklicherweise konnten beide einen Schritt nach hinten machen, wodurch Maya genau in Julies Armen landete.

Maya schüttelte sich. »Aua! Was war denn das?«

Wie von einem Magnetfeld abgestoßen, hatte es Maya zurückgeschleudert.

Vorsichtig trat Winnie an die Stelle, von der aus Maya gestartet war.

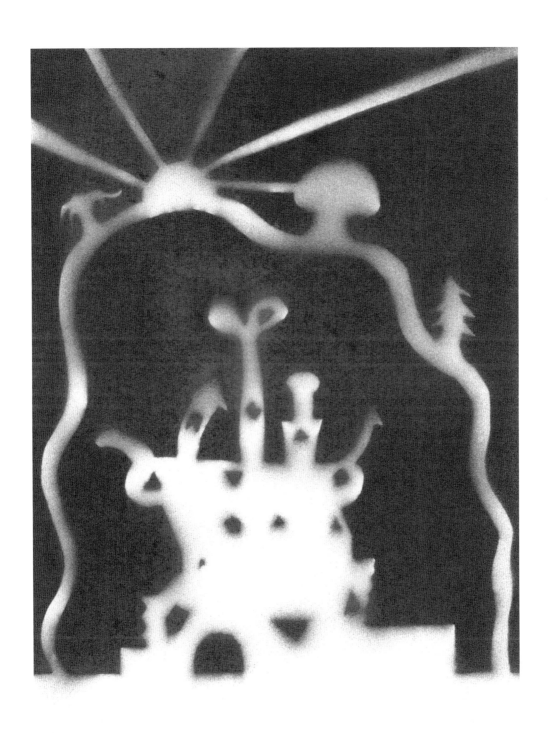

Katja Lippert

Er hob ein kleines Steinchen vom Boden auf und warf es vor seine Füße. Blubb – kam es zurückgeflogen.

Julie schnappte sich ein kleines Stöckchen und warf es etwas oberhalb in die gleiche Richtung.

Zack! Auch das Stöckchen prallte ab.

Winnie rieb sich nachdenklich das Kinn.

Der Bergel mit dem Laternchen trat vorsichtig nach vorn. Im Lichtschein wurde das Problem sichtbar. Kleine Linien am Boden schlängelten sich wie ein großes Labyrinth kreuz und quer durch den Innenhof.

»Kein Wunder, dass hier niemand ist, der die Festung bewacht«, sagte Winnie. »Die Festung schützt sich mit Magie.«

»Und was sollen wir jetzt machen?«, wollte Julie wissen.

»Ein Liedchen anstimmen«, konterte Winnie.

Julie schwieg. Ansonsten hätte sie ihm eine Standpauke gehalten. Von wegen, er soll sie nicht so verschaukeln und sich mal ernsthaft um das Problem kümmern.

Wenige Momente später stellte Julie mit einem erleichterten Seufzen fest, dass es gut war zu schweigen.

»Wir sollten das tun, was wir am besten können.« Winnie drehte sich zu den anderen. »Die Bergwerke sind verwinkelt und eng. Trotzdem finden wir immer aus den Stollen heraus. Lasst uns gemeinsam ans Werk gehen und den besten Weg durch das Labyrinth ausfindig machen!«

Der Bergel mit dem Laternchen bildete diesmal die Spitze. Durch seinen Lichtschein wurden die Linien am Boden nach und nach sichtbar. Dazwischen lagen Wege, die in verschiedene Richtungen führten.

Vorsichtig und in gebückter Haltung schlichen sie los. Im Gepäck die Angst, doch noch entdeckt zu werden. Das komische Gefühl wurde noch verstärkt, weil keiner den Herren oder die Königin dieser Festung kannte.

In kurzen Abständen hinterließen die Bergel kleine Markierungen am Boden. Somit konnten sie sicher sein, den Rückweg zu finden. Im Moment stellten sie anhand der Markierungen leider immer wieder fest, dass sie im Kreis liefen. Jedes Mal, wenn sie an einem ihrer Pfeile vorbeikamen, wechselten sie die Richtung. Es war sehr mühsam. Sie konnten das kleine Häuschen die ganze Zeit sehen, dennoch blieb es unerreichbar.

Julie folgte als Letzte. Weil sie größer war als die Bergel, hatte sie mit einem ganz anderen Problem zu kämpfen. In immer kürzeren Abständen fanden sich Spiegelbilder an den unsichtbaren Mauern. Spiegelbilder aus der Menschenwelt. Sie zeigten zerstörte Häuser, aus denen Rauch emporstieg. Menschen, die ihre Heimat verließen – nur mit kleinen Taschen bepackt. Geschäfte, die schließen mussten. Einzelne Gruppen, die mit ungewöhnlichen Aktionen ihren Protest zeigten. Und Kinder, die die Weihnachtszeit in Kliniken verbrachten.

Rachel Aelfswith aus Indonesien/Sawangan/Depok, *Oktober 2012

Julie blickte fassungslos von rechts nach links. Immer neue Bilder erschienen. Auch von der Ungleichbehandlung von Frauen oder Menschen mit unterschiedlichen Religionen.

Völlig in die Menschenwelt zurückversetzt, blieb Julie stehen. »Ist das die Welt unserer Zeit?«, flüsterte sie leise.

Maya drehte sich um. Sie sah den Schrecken in Julies Augen. »Was hast du?«

Doch Maya bekam keine Antwort. Deshalb sprang sie auf Julies Schultern. Das kleine Bergelmädchen blickte sich um. Die Bilder aus der Menschenwelt blieben ihr verborgen. Stattdessen sah Maya dichte, schwarze Dunstwolken. Sie strich Julie über die Wangen. »Was siehst du?«

Julie kam nur langsam aus der Menschenwelt zurück. »Bilder aus der heutigen Zeit«, sagte sie traurig.

Maya griff nach dem Blätterbecher an ihrem Hals. »Die brauchst du jetzt dringend«, sagte sie und reichte Julie das kleine Becherchen.

Julie blickte sie fragend an.

»Weißt du noch? Das sind die gesammelten Tränen. Echte Herzensträne können wahre Wunder bewirken. Gib immer eine Tränenperle in die Spiegelbilder.«

Zögerlich griff Julie nach dem Becher. Sie nahm die erste Träne heraus und schnipste sie gekonnt in den nächsten Spiegel. Erstaunt verfolgte Julie, was plötzlich geschah. Die dunklen Bilder wurden heller.

Der ruhige Nachbar half nun, dem alten Mann den Einkauf ins Haus zu tragen.

Julie ging weiter. Im nächsten Spiegelbild sammelten Menschen Spenden, um den kranken Kindern eine kleine Weihnachtsfreude zu machen.

Zufriedene Kunden erzählten freudig ihren Nachbarn, dass sie ein hübsches Geschenk im kleinen Lädchen um die Ecke gefunden hatten.

Einige Spiegelbilder weiter zeigten sich ehrenamtliche Helfer, die in den angeschlagenen Vereinen für Mut und neuen Wind sorgten.

Ein hoffnungsvolles Lächeln kehrte in Julies Gesicht zurück. »Es gibt sie also noch, die kleinen Lichtblicke unserer Zeit.«

Maya zwinkerte Julie zu. »Du darfst die Hoffnung nicht aufgeben.«

Völlig unerwartet wurden beide aus ihren Gedanken gerissen. Winnie hüpfte von einer zur anderen – er wollte nicht laut rufen – und zupfte sie an den Ärmeln. »Wir haben den schnellsten Weg durch das Labyrinth gefunden. Jetzt kommen wir genau bei dem kleinen Haus an, welches die Wolken bildet.«

Julie war erleichtert. Damit hatte der schreckliche Weg ein Ende. Sie schnipste die vorletzte Tränenperle in den letzten sichtbaren Spiegel. Sogleich umarmten strahlende Großeltern ihre Enkelkinder. Nun standen sie vor dem Natursteinhäuschen.

18. Dezember

Kurz vor der Quelle

Vorsichtig schauten sie sich in alle Richtungen um. Die Mauer, vor der sie standen, hatte keine Türen oder Fenster. Winnie betastete suchend die Steine. Keine Erhebung, keine Einbuchtung, kein Knopf oder Hebel. Nichts.

Langsam steckte er den Kopf um die Hausecke. Erschrocken wich er zurück. »Julie, ich fürchte, wir sind in der Menschenwelt angekommen. Außer dunklen Wolken kann ich nichts erkennen.«

Also schaute Julie um die Hausecke. Und wirklich: Wieder sah sie Bilder in den dunklen Wolken. Es waren Berichte und Fotos aus den Nachrichten der vergangenen Monate. Nur zu gut erinnerte sie sich daran.

Sie griff selbstbewusst nach der letzten Tränenperle und schnipste diese zielsicher in das Bildergewirr.

Augenblicklich wurde es heller. Winnie und die anderen atmeten erleichtert auf. Jetzt konnten sie einen Eingang in der Hauswand erkennen.

»Mit den dunklen Wolkenschleiern wird also bei euch Menschen das Innerste geschützt?!«, stellte Winnie nüchtern fest.

*Leon Pascal Lippert aus Dresden, WBS Training Schulen Dresden, *Juli 2004*

Maya, die bis gerade eben hinter den anderen geblieben war, schlich sich nun an den Eingang heran. Mit neugierigen Kinderaugen schaute sie in den kleinen Eingangsbereich hinein. Auch hier bedurfte es keiner Wachen. Die Dunkelheit war abschreckend genug.

Drinnen hatte sich allerdings etwas geändert. Maya konnte deutlich erkennen, was in den stinkenden, dunklen Wolken gefangen war. »Julie, ich kann in deine Welt sehen«, flüsterte sie leise. »Immer neue Dinge fließen aus einem großen, brodelnden Topf heraus und fliegen in den Wolken davon. Wie in dem Albtraumstrom, der unseren Weg geteilt hat.« Maya schlich die paar Schritte zu den anderen zurück. Sie hockten sich gemeinsam an die geschlossene Mauer des Häuschens.

»Was wollen wir unternehmen?« Winnie grübelte. »Wir möchten uns nicht von dieser Dunkelheit einfangen lassen. Wir Bergel sind ein stolzes und fröhliches Völkchen. Diese Schleier versperren uns die Sicht.«

Während Winnie sprach, blickte Julie auf das Armband. Der letzte grüne Stein strahlte so hell, dass sie den Schein aus Angst, entdeckt zu werden, mit der Hand bedeckte. Dann blickte sie zu Maya. Auch ihr Amulett leuchtete grün und hell.

Julies Augen begannen zu strahlen. »Wir dürfen den Glauben an die Freiheit nicht verlieren!« Sie schnappte sich die kleine Pfote von Maya. »Nun ist es an uns, dem Panikkessel den Garaus zu machen.«

Maya wirkte im ersten Moment sehr erstaunt über ihre große Freundin. Ohne weiter darüber nachzudenken hüpfte sie ihr hinterher.

Katja Lippert

19. Dezember

Armband und Amulett finden ihr Ziel

Die beiden schlichen sich gemeinsam an den Eingang. Sie hockten sich dicht zusammen, sodass Julie ihre Idee leise in Mayas Ohr flüstern konnte.

Ein kurzes Durchatmen folgte, dann verschwanden sie im Haus.

Der Bergel mit dem Laternchen wollte schon hinterherflitzen, doch Winnie hielt ihn zurück. »Lass die beiden ein paar Augenblicke allein! Ich habe große Hoffnung, dass sie unser Problem lösen.«

Im Inneren des Hauses schaute sich Julie aufmerksam um. Obwohl in der Mitte des Raumes ein großer Kessel brodelte, war es eisig kalt. Die Tür, durch die sie gekommen waren, blieb der einzige Zugang in den Raum. Das Dach des Hauses schien sehr alt zu sein. Die morschen Balken wirkten sehr angegriffen und instabil. Dazwischen verteilten sich über die gesamte Dachfläche kleine Risse und Löcher, durch die die Nebelwolken den Raum verließen.

An den Kessel heranzutreten war nicht möglich. Die übergekochte schwarze Brühe bildete einen Ring um das Gefäß, ähnlich wie das Wasser in einem Burggraben.

Eva Biele, Clemens-Thieme-Grundschule Borna

In der linken Ecke des Hauses floss die schwarze Brühe durch ein Mauseloch ab.

»Die Quelle des Albtraumflusses.« Maya hielt sich das kleine Pfötchen vor den Mund.

»Maya, wir müssen uns aufteilen«, begann Julie leise und zeigte mit der Hand auf die andere Seite des Raumes.

Ängstlich nickte Maya. Sie schlich sich vorsichtig an dem Kessel vorbei, sodass sie Julie genau gegenüberstand.

»Bereit?«, fragte Julie.

Maya nickte erneut.

Julie schloss die Augen. Sofort sprudelte ein grünes Lichtband in die Höhe.

Zeitgleich hielt Maya das Amulett nach oben. Aus ihrem Dreieck stieg ein zweites Lichtband empor. Wie ein grüner Strudel in einem Wasserglas fanden sich die beiden Bänder. Augenblicklich wirbelten sie über dem Kessel die schwarzen, stinkenden Rauchwolken durcheinander. Diese versuchten, überall dort zu entweichen, wo sich das grüne Leuchten noch nicht geschlossen hatte.

Ganz kurze Zeit später legte sich die grüne Lichtbandspirale nach und nach von oben, wie ein Topfdeckel, auf den Kessel. Mit großer Energie brodelte und blubberte es weiter.

Da legten sich grüne Bänder rings um den Topf, die sich fest im Boden verankerten. In der Mitte des Deckels bildete sich ein kleiner Trichter. Dort entwichen die schwarzen Wolken langsam und gleichmäßig aus dem Kessel. Noch bevor sie den Raum verließen, legte sich ein grüner Schleier von Hoffnung und Freiheit um jedes einzelne schwarze Wölkchen.

Julie öffnete die Augen. Der Raum hatte sich deutlich erhellt. Der Strom aus schwarzer Brühe war versiegt.

Langsam trat Julie an den Kessel heran. Auf ihrer Seite zeigte sich eine Vertiefung in der Kesselwand. Diese sah aus wie Mayas Amulett.

Sie blickte zu dem Bergelmädchen. »Wirf mir dein Amulett herüber!«

Maya holte aus, und schon flog die Kette Richtung Julie.

Im selben Augenblick stieg erneut eine kleine schwarze Wolke empor. Sie lenkte das Amulett gefährlich von seiner Flugbahn ab, sodass es beinahe im Trichter gelandet wäre.

Julie jedoch hatte sich aufgerichtet und mit der ausgestreckten Hand die Kette gerade so erreicht. Schnell legte sie das Amulett in die Vertiefung. Es passte genau und verschmolz mit einem wärmenden Leuchten im Kessel.

Maya hatte genau beobachtet, was passiert war. »Julie! Auf meiner Seite ist eine ähnliche Vertiefung. Sie passt genau zu deinem Schmuckstück!«

Deshalb warf Julie das Armband zu Maya, dieses Mal genau durch die kleinen, schwarzen Wölkchen hindurch.

Das Bergelmädchen streckte die Pfoten in die Höhe und erreichte das Armband ohne Probleme. Sie setzte es ruhig in die Vertiefung ein und wurde mit einem fantastischen grünen Funkeln dafür belohnt.

Wieder wurde der Raum heller.

20. Dezember

Remember me

In diesem Moment blinzelte Winnie neugierig durch die Eingangstür, dahinter die anderen Bergel. »Es ist vorbei! Ihr habt es geschafft!«, jubelte er, während er vor Freude einen Luftsprung machte. Es fehlte nicht viel zum Türbalken, doch Winnie blieb unverletzt.

Jetzt standen alle gemeinsam im Raum. Der Kessel sah im Tageslicht wunderschön aus. Er war reich verziert. Amulett und Armband wirkten sehr harmonisch an der Kesselwand.

»Julie, sieh nur!« Maya deutete auf das Amulett. In dem kleinen Fünfeck stand in großen, deutlichen Buchstaben das Wort »Freiheit« und in dem Dreieck, gut lesbar, »Hoffnung«. Der Schriftzug auf dem Armband unterdessen war mit dem am Amulett verschmolzen und legte sich nun in Regenbogenfarben rund um den Kessel. *REMEMBER ME* – Behalte mich in Erinnerung.

Ein erleichtertes Lächeln legte sich auf die Gesichter der Freunde. Sie verließen gemeinsam das kleine Häuschen und standen nun wieder im Hof der Festung. Erst jetzt, im Sonnenlicht, zeigte sich eine Holztür mit einem eisernen Riegel.

Niklas Kreissl

Maya und Julie schoben sie gemeinsam zu und verriegelten sie.

»Nun bleiben Neid und Angst hier verschlossen. Nur die Hoffnung und die Freiheit steigen in den blauen Himmel empor.« Julie streckte die Hand aus, sodass Maya hinaufspringen konnte. »Komm her, mein kleiner Bergengel«, schmunzelte sie und setzte das kleine Bergelmädchen auf ihre Schulter.

Die Festung hatte ihren Schrecken verloren. Ohne die dunklen, übelriechenden Nebelwolken konnten sie erkennen, dass es sich um eine alte, verlassene Festungsanlage handelte. Hier gab es weder Burgherren noch Königinnen oder anderes Gefolge.

Der alte Baum im Hof war eine uralte Eiche. Vögel verschiedener Arten lebten auf ihr, während sich im Stamm ein Buntspecht eine Höhle gebaut hatte.

Die heruntergefallenen Eicheln sammelte ein rotbraunes Eichhörnchen ein. Es trug sie in den Kobel, welcher hinter der hohen Mauer in einer riesigen Fichte geschützt vor Kälte und Wind versteckt war.

Die einzelnen Mauern am anderen Ende des Hofes zeigten sich als Ruinen alter Wirtschaftsgebäude oder Ställe. In einer Ecke lag noch ein Strohhaufen. Er war mit Gräsern überwachsen. An der Vorderseite hatte er einen kleinen Höhleneingang. Dort balgten sich drei kleine Füchse. Erschrocken schauten sie zu Julie und den anderen, als sich der Wind drehte. Sekunden später waren sie in ihrer Höhle verschwunden.

»Wir sollten diesen Ort wieder seiner Schönheit überlassen und uns auf den Rückweg machen. Lasst uns nachsehen, ob die Bergelburg das Abenteuer unbeschadet überstanden hat«, sprach Winnie nach einer geraumen Weile des Schweigens.

Vanessa Gruber aus Kesselsdorf, Evangelisches Gymnasium Tharandt, *September 2008

21. Dezember

Kleine Hindernisse

Angekommen an der Zugbrücke, blickten sie noch einmal zurück.

»Ein wirklich schöner Ort«, sagte Maya, die wie die anderen Bergel zum ersten Mal überhaupt ihr Land verlassen hatte.

Julie strich ihr sanft über den Kopf. »Vielleicht kannst du mich wieder einmal in meiner Welt besuchen kommen.«

Dafür bekam sie Winnies skeptischen Blick zugeworfen. Sie wusste, er liebte es, im Verborgenen zu leben. Unnötigen Trubel um die Existenz seines Volkes würde er nicht wollen.

Sie nickte ihm respektvoll zu und wechselte das Thema. »Wir sollten die Zugbrücke schließen.« Julie blickte sich um. Die Anlage schien auf den ersten Blick intakt zu sein. »Winnie, schaffst du es, die Seilwinde allein zu bedienen?«

Er drehte sich zur Seite und stemmte die Arme in die Hüften. »Ich denke schon.« Er nickte und legte sich ins Zeug.

Wenig später sank die Zugbrücke mit einem lauten Knarren nach unten. Julie, Maya und die anderen Bergel verließen die Festung. Winnie zog die Brücke langsam nach oben. Es krachte einmal laut.

Katja Lippert

Die Zugbrücke rastete im Schloss ein. Er verzurrte die Seile und schob den Riegel vor. Jetzt war die Anlage verschlossen.

Winnie schlüpfte rückwärts durch den kleinen Tunnel nach draußen, den sie auf dem Hinweg unter die Mauern gegraben hatten. Dabei schippte er den Tunnel mit seinem kleinen Klappspaten fest zu.

Bei den anderen angekommen, schob er gemeinsam mit ihnen noch ein paar größere Steine hinein. Schon war nichts mehr von einem Eingang zu erkennen.

»Es sollte eine Weile dauern, bis hier wieder jemand sein Unwesen treibt.«

Ein fröhliches Gelächter ging durch die Gruppe.

Zurück am Grenzfluss, fand sich noch immer die Weidenklöppelbrücke. Die Verankerung hielt der Strömung trotzig stand.

Diesmal war es Julie, die den wackeligen Weg als Erste antrat. »Umso schneller bin ich auf der anderen Seite.«

Die anderen Bergel folgten ihr. Es schwankte wieder sehr ungemütlich. Winnie rutschte kurz weg. Oh Schreck! Es platschte, als er im Wasser lag.

Glücklicherweise fiel er hinter der Brücke hinein. Die Strömung trieb ihn an die Brücke, sodass Julie ihm die Hand reichen konnte.

Winnie schüttelte sich kräftig, als er wieder oben stand.

»Badetag?« Es war das erste Mal überhaupt, dass der Bergel mit dem Laternchen so deutlich sprach.

Julie blickte ihn verblüfft an.

Er grinste und zuckte mit den Schultern. Winnie schüttelte sich erneut, drehte sich um und lief weiter Richtung Ufer.

Auch die anderen folgten. Es war nicht mehr weit.

Eva Biele, Clemens-Thieme-Grundschule Borna

22. Dezember

Zurück im Reich der Bergel

Der Weg durch die Hügellandschaft glich jetzt einer Freizeitwanderung. Die Sonne strahlte von einem funkelblauen Himmel. Die Luft roch nach Frische.

Die kleinen Fabelwesen links und rechts im Gebüsch verrichteten emsig ihre Tätigkeiten. Die Landschaft war fröhlich und belebt. Es erinnerte nichts mehr an die Dunkelheit, die noch vor wenigen Minuten das Leben an diesem Ort verschlungen hatte.

Julie nutzte diese Gelegenheit, um in ihren Gedanken nach Hause zu reisen. Der Winter hatte ihre Heimat erreicht. Hausdächer und Baumspitzen waren mit Schnee überzogen. Die Bergkämme glitzerten in der Sonne. Schneekristalle formten Blumenmuster an den Fenstern der Häuser, und die kleinen Bäche an den Hängen bildeten mit ihren Eiszapfen prunkvolle Eislandschaften aus. Friedlich und ruhig schlief die Hektik des Alltags unter der Winterdecke.

Julie lächelte zufrieden. In den Fenstern der Erzgebirgsstuben strahlten die Schwibbögen nach alter Tradition. Pyramiden und Lichterketten schmückten die Plätze, sodass Kinderaugen im Sternenglanz strahlten.

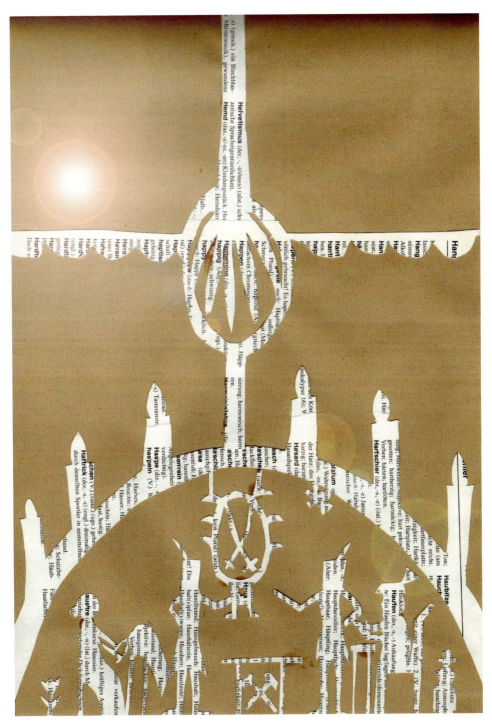

Annalena Lippert aus Schwarzenberg, Bertolt-Brecht-Gymnasium Schwarzenberg, *August 2009

Hunderte von Menschen besuchten gemeinsam friedlich und mit Hoffnung im Herzen die Bergparaden in den Städten. Die Freiheit kehrte langsam in die Herzen zurück.

Hoffnung für das neue Jahr sprudelte aus den Reden der Bergleute und deren Gäste.

Schneeflocken fielen in leisen, kunstvollen Tänzen vom Himmel. Weihnachtszauber legte sich über das Land.

»Julie!« Maya rüttelte sie am Ohr. »Träumst du?«

Mit dieser Frage kehrte sie etwas unsanft in die Welt der Bergel zurück. »Wir sind am Wagen angekommen.« Das kleine Bergelmädchen zeigte auf den Haufen aus Geäst, der vor ihr lag.

Winnie und die anderen befreiten den Wagen von den Zweigen. »Lasst uns eine kurze Pause einlegen! Ein Tässchen Punsch haben wir uns alle verdient«, sagte Winnie mit einem lauten Lachen, denn er genoss das warme Getränk zu allen Anlässen.

Flink war ein Lagerfeuer entfacht und die Zutaten aus dem Wagen in dem großen Topf über dem Feuer gelandet. Es roch köstlich. Und … mmh! Lecker war es auch.

Diesmal schmeckte das Getränk fruchtig, leicht und frisch. Die abgeschüttelten Sorgen verflogen im blumig-warmen Schaum.

Ein letzter Blick über den Fluss, dann kehrten sie der Landesgrenze den Rücken.

Sie durchquerten den Wald, in dem Barbaras Grotte versteckt lag. Selbst dieser zeigte nun seinen ganz eigenen Zauber.

Feline Schnee Febriyanto aus Indonesien/Banten/Tangerang, *Juni 2012

Lichtstrahlen blinzelten durch die Baumkronen. Der Wind spielte mit den Ästen und Blättern. Ganz vereinzelt zeigten sich scheu kleine Blumen, versteckt zwischen Moosen und Farnen.

Julie versuchte, viele Bilder aus dieser kleinen Welt zu erhaschen. Hinter ihr tuschelten die Bergel fröhlich in ihrer eigenen Sprache. Schon zu Beginn ihrer Reise hatte Julie das Tuscheln des kleinen Völkchens nicht verstanden. Doch es störte sie jetzt weniger, denn die Gesichter ihrer Freunde wirkten heiter.

Zügig setzten sie ihren Rückweg zur Bergelburg fort. Als der Wald sich langsam ausdünnte, blieb Winnie stehen. »Seht nur, welch wunderschöne Ebene vor uns liegt!«

Sie hatten den Ort erreicht, wo die Albtraumschlucht den Hinweg erschwert hatte. An ihrer Stelle zog sich ein kristallklarer Bergfluss in wellenförmigen Linien durch die Landschaft.

»Ich bin als Erste da!«, rief Maya lautstark in die Runde und rannte los.

»Na warte …« Winnie folgte ihr.

Weil Julie viel größer war, blieb sie noch ein oder zwei Sekunden stehen. »… und ich überhole euch alle«, grinste sie und hüpfte fröhlich auf einem Bein hinterher.

Nur der Bergel mit dem Laternchen schlich gemütlich hinterher. Er ahnte wohl, was die anderen planten. Nach dem langen Marsch Richtung Nebelwolken und dem »Umstyling« der Bergel im Tunnel der Festung hatten alle ein Bad bitternötig.

In einem Satz landeten sie im kühlen Nass.

»Ist das schön!« Maya spritzte nach Herzenslust Wasserfontänen Richtung Julie. Diese tauchte daraufhin ab, um kurz hinter Maya wieder an der Flussoberfläche aufzutauchen. »Das gibt eine Revanche!«, und schwupp, hatte Maya eine Ladung Wasser im Gesicht.

Als das Fell der Bergel seine ursprüngliche Farbe zurück hatte, legten sie sich in die wärmenden Strahlen der Sonne.

Erst jetzt stieg auch der Bergel mit dem Laternchen ins Wasser und schwamm behutsam einige Kreise. Die Laterne durfte natürlich nicht erlöschen.

23. Dezember

Winnie und Maya sind daheim

Es folgte ein weiteres Stück Weg, bis sie die Burg erreichten. Schon von weitem sahen sie, dass die anderen Bergel glücklich feierten und tanzten. Große Tischgruppen standen im Burghof. Die einfache Felsenburg war mit bunten Blumen und glitzernden Erzsteinchen geschmückt.

In der Mitte des Platzes brannte ein großes Feuer, daneben spielte eine Bergkapelle lustige Bergmannslieder. Einige Bergelfrauen sangen in Mundart dazu.

Julie fühlte sich wohl.

Winnie hüpfte auf eine Erhebung und verbeugte sich vor Julie. »Madame, darf ich Sie zu unserem Fest einladen?«, fragte er sehr elegant.

»Vielen Dank, Monsieur.« Julie knickste.

Es war ein lustiger Tagesausklang. Selbst die Bergelkinder feierten bis spät in die Nacht.

Maya, die bekanntlich heimlich die Burg verlassen hatte, schaute schuldbewusst in Richtung ihrer Eltern. »Es tut mir leid. Ich hoffe ihr habt meine Nachricht gefunden.«

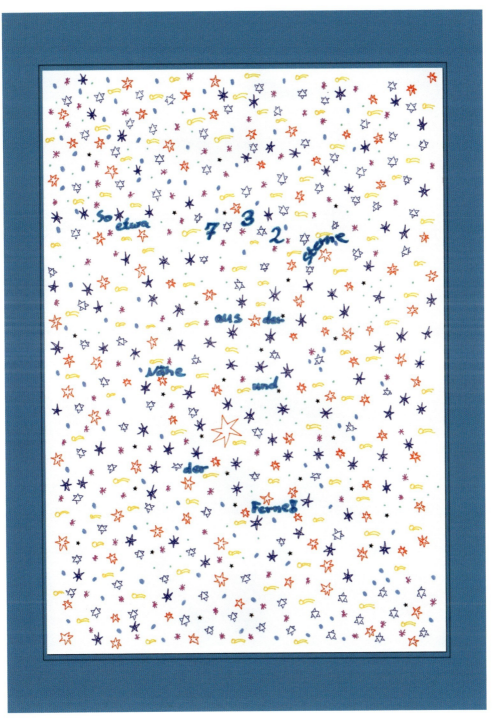

Katja Lippert

Mayas Mutter stemmte die Hände in die Hüften. Dann nickte sie und hielt die Arme weit auf. »Komm her, du Ausreißer!«

Endlich war die Fröhlichkeit zurückgekehrt. Später am Abend fand Julie ein Plätzchen nahe der Bergelburg. Dort verbrachte sie die Nacht auf weichem Moos und blinzelte in den Sternenhimmel. 732 Sternschnuppen zählte sie, bevor sie endlich einschlief.

Der nächste Sonnenaufgang kitzelte Julie langsam aus ihren Träumen.

Maya, die schon längst auf den Beinen war, sprang ihr quietschvergnügt auf den Bauch. »Na, du Schnarchnase! Wie lange willst du noch in der Gegend herumliegen?« Maya war bester Laune. Heute sollte es endlich wieder ganz normal ins Bergwerk gehen. Sie liebte es, nach bunten Erzen für ihre selbstgebastelten Kettchen zu suchen.

Auch die anderen Bergel waren voller Elan. Endlich wieder gemeinsame Zeit verbringen. Ein Liedchen singen. Das Tagwerk beginnen. Geschichten erzählen. – Das ganz normale Leben eben.

Julie streckte ihre Arme genüsslich in die Höhe. »Ich bin doch schon putzmunter«, versuchte sie zu verkünden. Überzeugend war es allerdings nicht.

Die Bergelfrauen hatten das Frühstück vorbereitet. Es gab allerlei Leckereien, Pausenbrote für die kleinen Bergel und Lunchpakete für die Bergelmänner. Auch der leckere Punsch fehlte nicht.

Julie ließ sich dankbar eine große Tasse reichen und schlürfte entspannt das heiße Getränk. Sie schaute dem bunten Treiben in aller Ruhe zu. Doch anstatt munterer zu werden, wurde sie immer müder.

Nelly Hecker, Brückenberg-Schule Schwarzenberg, *Juni 2009

24. Dezember

Julies Heimreise

Da sprang Maya ihr auf die Schulter. »Es war schön mit dir. Danke für deine Hilfe«, flüsterte sie ihr ins Ohr.

Julie verstand nicht. Noch bevor sie etwas erwidern konnte, schlief sie tief und fest ein. Sie träumte von Lichtbändern und kleinen Wesen, die weder Maus noch Biber waren. Von Hoffnung und Freiheit. Von Regenbögen und Wasserflöhen.

Schließlich erwachte sie am Teich, weil ihr ein leichtes Frösteln durch die Glieder fuhr. Sie blickte sich um. Hinter ihr stand die windschiefe Weide. Julie lehnte mit dem Rücken daran.

»Bin ich eingeschlafen?« Sie wusste nicht, wie lange sie dort gesessen hatte.

Eine Schneeflocke landete sanft auf ihrer Nase und noch eine. Und noch eine.

Julie schaute sich um. Der Winter war am Teich angekommen. Wie erstaunt war Julie, als sie nach Hause kam. Alles war so, wie sie es verlassen hatte. Sie betrat das Zimmer ihrer Großmutter.

Diese lächelte sie zufrieden an. »Julie, es ist an der Zeit. Ich werde meine Reise antreten. Die Bergengel erwarten mich.«

Als sich der Himmel in Rottönen schlafen legte, schloss die Großmutter ihre Augen.

Julie hielt ihre Hand. »Grüß sie lieb von mir«, sagte sie leise.

Die Wochen vergingen. Auch Julie hatte ihre kleine Gemeinde verlassen. In einer größeren Stadt, zwei Stunden entfernt von daheim, begann sie nun eine Ausbildung. Sie war glücklich.

In ruhigen Momenten dachte sie oft an Maya, Winnie und die anderen Bergel. Auch Barbara konnte sie nicht vergessen. Von ihr hatte sie gelernt, wie wichtig Traditionen und eigene Wurzeln waren.

Die Winter kamen und gingen. Julie besuchte regelmäßig die Weihnachtsmärkte und Bergparaden daheim. Im dritten Jahr half sie sogar, den Weihnachtsmarktstand einer Nachbarin zu betreiben. Es gab leckeren Glühwein und guten, erzgebirgischen Stollen.

Weitere Jahre vergingen, und in einem schönen, sonnigen Frühjahr legte Julie ihre Meisterprüfung ab.

Nun zog es sie endlich wieder ganz nach Hause. Sie hatte Glück. In einem leerstehenden Gebäude der Gemeinde eröffnete Julie ihr eigenes, kleines Begegnungscafé. **»Kaffeekrümel und Keksschaum«** stand in bunten Buchstaben auf einem hübsch geschnitzten Holztäfelchen an der Tür.

Was auf der Bestellkarte zu finden war, fragt ihr?

Ben-Luca Hubrig

»Mayas Kakaopunsch«, »Bergelschnitte«, »Barbaratörtchen«, »Wasserflohcocktail« und »Winnies Mittagsmahl«. Eingeladen wurde jeder, der kommen wollte. Klein oder groß. Arm oder reich. Bergmänner oder Besucher. Menschen mit Dialekt oder ohne. Jeder eben, der ein Stückchen Hoffnung und ein Fünkchen Freiheit aus dem liebevoll eingerichteten Café mit auf den Weg in diese verrückte und verdrehte Welt nehmen wollte.

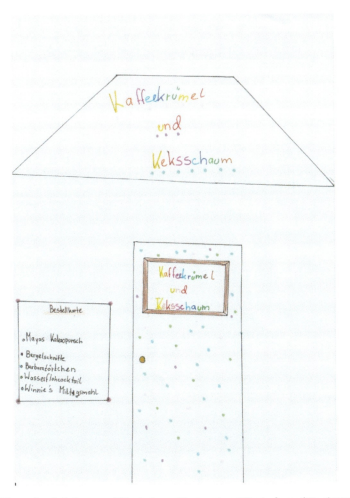

Florentine Schubert aus Marienberg, Gymnasium Marienberg, *Juni 2012

Nachsatz

Im Märchenbuch würde jetzt »Ende« stehen. Doch halt! Hier passt es nicht hin! Du kennst nun die Geschichte von Julie und ihren Weg.

Im Laufe des Schülermitmachprojektes »Kaffeekrümel und Keksschaum« haben sich einige Hürden und Hindernisse aufgetan, wodurch weniger Beiträge bei mir ankamen als ursprünglich angekündigt. Zunächst war ich darüber traurig. Doch es folgte ein durchaus positiver Effekt für die Schülerinnen und Schüler, die mit viel Mühe, Zeit und Herzblut an der Buchgestaltung teilgenommen haben.

Ausnahmslos alle Bilder sind im Buch vertreten und bereichern auf wunderbare Weise die Geschichte. Dieser Verlauf freut mich persönlich sehr. Es wäre mir wirklich schwergefallen, einzelne Bilder auszuwählen, denn sie hätten unterschiedlicher nicht sein können.

Und nun? Nun bist du an der Reihe. Welche Pläne möchtest du in deiner Heimat verwirklichen? Sei kreativ! Nimm dir die Freiheit und bewahre die Hoffnung – in jeder Lebenslage. Die Geschichte geht weiter ...

Katja Lippert

Danksagung

Danke, liebe Oma Erna, dass du mir die Leidenschaft fürs Schreiben vererbt hast!
Und weil nach der kalten Jahreszeit stets der Frühling erstrahlt …,
hier ein kurzes Beispiel deiner lebendigen Schreibkunst:

Rätsel

Es rennt und hüpft und saust und springt
so munter frisch und immer flink
über Stock und Stein.

Es hat ein silbern Kleidchen an
da sind viele kleine Perlchen dran,
im warmen Sonnenschein.

Es neckt sich mit den Blümchen gern,
die duftend blühen nah und fern,
und küsst sie zart und rein.

Auch kletterts übers Mühlenrad,
dass Korn zu Mehl zu mahlen hat.
Nun rat', was kann das sein?

Das Bächlein
Selma Erna Bellmann im Jahr 1947

Über die Autorin

Ich wurde 1982 im ländlichen Idyll des Erzgebirges geboren und hatte den großen Luxus, als Kind immer draußen spielen zu können. Ohne Grenzen und mit viel Entdeckungsdrang wuchs meine Fantasie mit mir gemeinsam, und das Schreiben diente schon früh als Ventil für überschüssige Ideen und das Verarbeiten von Beobachtetem.

Das Erwachsenwerden führte mich zuerst nach Dresden, später nach Leipzig. Dort fügte sich meine Familie zusammen, aber meine Gedanken und Gefühle zogen mich immer wieder Richtung Heimat.

Seit 2020 bin ich nun wieder »zu Hause« und kann meinen Kindern ein Stück des alten Luxus' anbieten – wobei die Generationen und Bedürfnisse sich merklich verändert haben. Aber das ist ein anderes Kapitel.

Buchempfehlungen:

Willkommen beim Bauern Gregor
Kinderbuch Sieglinde Heuseck
Hardcover
ISBN 978-95720-399-1
16,00 €

Das stumme Radieschen
Kinderbuch von Andrea Bernhardt
Hardcover
ISBN 978-3-95720-404-2
16,00 €

Märchen über verborgene Schätze
Anthologie
ISBN 978-3-95720-377-9
16,00 €